Kuchařka neodolatelných zeleninových masových kuliček

100 výživných a chutných rostlinných masových kuliček pro každou chuť

Kamila Kučerová

autorská práva Materiál ©2023

Všechno Práva Rezervováno

Ne součástí tohoto _ rezervovat smět modlit se použitý nebo přenášeno v žádný formulář nebo město žádný prostředek bez a správné psaný souhlas od _ vydavatelů duch autorská práva majitel, až na pro stručný citace použitý v A Posouzení. Tento rezervovat by měl Poznámka modlit se považováno A nahradit pro lékařský, právní, nebo jiný pr z essional Rada.

OBSAH _

OBSAH _	3
ÚVOD	7
ZELENINOVÉ KULIČKY	9
1. Masové kuličky z červené řepy	10
2. Zelené čočkové zeleninové karbanátky	13
3. Napodobenina Ikea Veggie Balls	15
4. Bylinkové karbanátky z quinoy	17
5. Masové kuličky z černých fazolí	19
6. Ovesné a zeleninové karbanátky	21
7. Bílé fazolové a ořechové karbanátky	23
8. Karbanzo fazolové a mrkvové karbanátky	25
9. Grilované bulgurové a čočkové karbanátky	27
10. Houbové tofu masové kuličky	29
11. Čočkové, hráškové a mrkvové karbanátky	31
12. Houbové a zeleninové karbanátky	33
13. masové kuličky TexMex	35
14. Grilované fazolové karbanátky	37
15. Cibule Oves Masové koule	39
16. Masové kuličky z divokých hub	41
17. Tofu Tahini vegetariánské masové kuličky	43
18. Masové kuličky z černých fazolí a arašídů	45
19. Veganské slaninové masové kuličky	47
20. Ječné ovesné karbanátky	49
21. Masové kuličky z tempehu a ořechů	51
22. Míchané fazolové a ovesné karbanátky	53
23. z tempehu a ořechů	55
24. Macadamia Ca rrot Masové koule	57
25. Kari cizrnové karbanátky	59
26. Pinto fazolové karbanátky s majonézou	61
27. Čočkové, houbové a rýžové karbanátky	63
28. Shiitake a ovesné karbanátky	65
29. Ovesné a veganské mozzarella masové kuličky	67

30. Ořechové a zeleninové karbanátky............69
31. kuličky Yam Veggie............71
32. Čočkové, pistáciové a shiitake masové kuličky............74
33. masové kuličky s vysokým obsahem bílkovin............77
34. Tofu kuličky............80
35. Karfiol, fazole a špenát karbanátky str............82
36. Veganské karbanátky pečené v troubě............84
37. Masové kuličky s houbami a kešu parmazánem............86
38. Cremini & Čočkové karbanátky............88
39. Citronově oreganové masové kuličky............90
40. S riracha Cizrnové karbanátky............92
41. Veganské houbové karbanátky............94
42. Špagety se zeleninou a masovými kuličkami............96
43. Tempeh a cibulové karbanátky............98
44. Čočkové a houbové karbanátky............101
45. Sladké brambory a masové kuličky z černých fazolí. .103
46. Karfiolové a cizrnové karbanátky............105
47. Masové kuličky z cukety a quinoy............107
48. Špenát a feta masové kuličky............109
49. Brokolicové a čedarové karbanátky............111
50. Karotkové a cizrnové karbanátky............113
51. Houbové a ořechové karbanátky............115
52. Masové kuličky z řepy a quinoy............117
53. Quinoa a kukuřičné karbanátky............119
54. Masové kuličky z lilku a cizrny............121
55. Bramborové a hráškové karbanátky............123
56. Masové kuličky z kukuřice a červené papriky............125
57. Oříšková dýně a šalvějové masové kuličky............127
58. Kapusta a bílé fazolové karbanátky............129
59. Quinoa a špenátové karbanátky............131
60. Karfiolové a quinoa masové kuličky............133
61. Cizrnové a špenátové karbanátky............135
62. Sladké brambory a cizrnové karbanátky............137
63. Houbové a čočkové karbanátky............139
64. Karotkové a cuketové karbanátky............141

65. Quinoa a houbové karbanátky..................................143
66. Černé fazole a kukuřičné karbanátky......................145
67. Brokolicové a čedarové sýrové karbanátky..............147
68. Karfiolové a sýrové karbanátky...............................149
69. Houbové a ořechové masové kuličky s rozmarýnem...151
ZELENINOVÉ PIRÁČKY...153
70. Burgery z červené řepy s rukolou...........................154
71. Pekanovo-čočkové placičky....................................157
72. Burgery z černých fazolí...159
73. Ovesná a zeleninová placka....................................161
74. Placky z bílých fazolí a ořechů................................163
75. Garbanzo fazolové burgery.....................................165
76. Bulgur Čočková zeleninová placička.......................167
77. Houbová tofu placička...169
78. Čočková, hrášková a mrkvová placička..................171
79. Rychlé zeleninové placičky.....................................173
80. Tex-Mex zeleninová placička..................................175
81. Fazolové placičky..177
82. Cibule Oves Placičky...179
83. Placka z lesních hub..181
84. Tofu Tahini vegetariánské placičky........................183
85. Grily na černé fazole a arašídy...............................185
86. placičky z ovsa a celeru..187
87. Tempeh a cibulové placičky....................................189
88. Směs fazolových a ovesných placiček....................191
89. Tempeh a ořechové placičky...................................193
90. Makadamiové-kešu placičky...................................195
91. Zlaté cizrnové burgery...197
92. Cizrnové placičky na kari..199
93. Fazolové placičky s majonézou..............................201
94. Čočkový rýžový burger str......................................204
95. Shiitake a ovesná placička......................................206
96. oves, Zelenina a mozzarella placička....................208
97. Ořechové a zeleninové placičky.............................210
98. Marocké Yam Veggie Burgers................................212

99. Čočkový, pistáciový a shiitake burger...........................215
100. Veganské burgery s vysokým obsahem bílkovin.......218
ZÁVĚR...221

ÚVOD

Vítejte ve světě zeleninových masových kuliček! V této kuchařce vás zveme k prozkoumání lahodných a zdravých možností rostlinných masových kuliček. Zeleninové karbanátky nabízejí kreativní a uspokojivý způsob, jak si vychutnat chutě a textury zeleniny a zároveň poskytují výživnou alternativu k tradičním masovým kuličkám. Tato kuchařka je vaším průvodcem, jak ovládnout umění zeleninových masových kuliček a vytvořit výživná a chutná jídla, která potěší jak vegany, tak milovníky masa.

Zeleninové karbanátky jsou důkazem všestrannosti a hojnosti rostlinných surovin. Od čočky a cizrny až po houby a quinou, možnosti pro vytvoření lahodných alternativ masových kuliček jsou nekonečné. V této kuchařce oslavujeme bohatost a rozmanitost zeleninových masových kuliček a představujeme vám sbírku receptů, které kombinují různé druhy zeleniny, obilí a koření a vytvářejí lahodná sousta, která jsou uspokojující i výživná.

Na těchto stránkách objevíte pokladnici receptů, které předvádějí kreativitu a chutě zeleninových masových kuliček. Od klasických masových kuliček v italském stylu s rostlinným nádechem až po globálně inspirované výtvory, které obsahují různé bylinky a koření, vytvořili jsme kolekci, která vezme vaše chuťové buňky na cestu plnou chutí. Každý recept je navržen tak, aby vám poskytl vyváženou kombinaci chutí, textur a živin a zajistil tak uspokojivý a příjemný kulinářský zážitek.

Tato kuchařka je ale víc než jen kompilace receptů na zeleninové karbanátky. Provedeme vás uměním vytváření textur a chutí podobných masovým koulím s použitím rostlinných surovin, nabídneme tipy na pojiva a koření a podělíme se o techniky pro dosažení dokonalé textury a konzistence. Ať už jste zkušený rostlinný kuchař nebo nováček ve světě zeleninových masových kuliček, naším cílem je umožnit vám vytvořit lahodná a zdravá jídla, která potěší vaše chuťové pohárky a vyživí vaše tělo.

Ať už tedy hledáte zdravější alternativu k tradičním masovým kuličkám, zkoumáte rostlinnou stravu nebo prostě chcete do svého jídelníčku začlenit více zeleniny, nechť je vaším průvodcem „Ze zahrady na talíř: Kuchařka na zeleninové karbanátky". Připravte se ochutnat kreativitu a chutě zeleninových masových kuliček a vydejte se na cestu plnou chutí, která oslavuje hojnost a všestrannost rostlinných surovin.

ZELENINOVÉ KULIČKY

1.Masové kuličky z červené řepy

SLOŽENÍ:
- 15 uncí světle červených ledvinových fazolí může
- 2 ½ polévkové lžíce extra panenského olivového oleje
- 2 ½ *unce* Cremini houby
- 1 červená cibule
- ½ šálku vařené hnědé rýže
- ¾ šálku řepy Raw
- 1/3 šálku konopných semínek
- 1 lžička mletého černého pepře
- ½ lžičky mořské soli
- ½ lžičky mletého semínka koriandru
- 1 veganská vaječná náhražka

INSTRUKCE:
- Předehřejte troubu na 375 °F. Fazole dobře rozmačkejte v míse a dejte stranou.
- Zahřejte olej na nepřilnavé pánvi na středním ohni.
- Přidejte houby a cibuli a restujte do změknutí, asi 8 minut.
- Zeleninovou směs přendejte do mixovací nádoby s fazolemi.
- Vmíchejte rýži, řepu, konopná semínka, pepř, sůl a koriandr, dokud se nespojí.
- Přidejte veganskou vaječnou náhražku a míchejte, dokud se dobře nespojí.
- Ze směsi utvořte čtyři kuličky a dejte na nebělený plech vyložený pečicím papírem.
- Vršek masových kuliček lehce potřete konečky prstů ½ lžíce oleje.

● Pečte 1 hodinu. Velmi jemně každou masovou kuličku otočte a pečte, dokud nebude křupavá, pevná a hnědá, ještě asi 20 minut.

2. Zelené čočkové zeleninové karbanátky

SLOŽENÍ:
- 1 žlutá cibule nakrájená nadrobno
- 1 velká mrkev oloupaná a nakrájená na kostičky
- 4 stroužky nasekaného česneku
- 2 šálky vařené zelené čočky
- 2 lžíce rajčatového protlaku
- 1 lžička oregana
- 1 lžička sušené bazalky
- $\frac{1}{4}$ šálku nutričního droždí
- 1 lžička mořské soli
- 1 šálek dýňových semínek

INSTRUKCE:
- V kuchyňském robotu smíchejte všechny ingredience.
- Puls se spojí a zanechá nějakou texturu.
- Z čočky vytvarujte 4 karbanátky.

3. Napodobenina Ikea Veggie Balls

SLOŽENÍ:

- 1 plechovka Cizrna, konzerva
- 1 šálek mraženého špenátu
- 3 mrkve
- ½ papriky
- ½ šálku konzervované sladké kukuřice
- 1 šálek zeleného hrášku
- 1 cibule
- 3 stroužky česneku
- 1 hrnek ovesné mouky
- 1 lžíce olivového oleje
- Koření

INSTRUKCE:

- Veškerou zeleninu přidejte do kuchyňského robotu a pulsujte, dokud není nakrájená najemno.
- Nyní přidejte mražený, ale rozmražený nebo čerstvý špenát, sušenou šalvěj a sušenou petrželku.
- Přidejte konzervovanou cizrnu a luštěninu, dokud se nespojí.
- Promíchejte a vařte 1-2 minuty.
- Chcete-li vyrobit vegetariánské kuličky, naberte kouli a vytvarujte ji rukama.
- Kuličky pokládejte na pečící papír nebo plech.
- Pečte je 20 minut, dokud nebudou mít křupavou kůrku.

4. Bylinkové karbanátky z quinoy

SLOŽENÍ:
- 2 šálky vařené quinoa
- ¼ šálku veganského parmazánu, strouhaného
- ¼ šálku veganského sýra asiago, strouhaného
- ¼ šálku čerstvé bazalky, mleté
- 2 lžíce čerstvého koriandru, mletého
- 1 lžička čerstvého oregana, mletého
- ½ lžičky čerstvého tymiánu
- 3 malé stroužky česneku, jemně nasekané
- 1 velké vejce
- 2 velké špetky košer soli
- ½ lžičky černého pepře
- ¼ šálku italské ochucené strouhanky
- 1 špetka až ¼ lžičky drcených vloček červené papriky

INSTRUKCE:
- Smíchejte všechny ingredience ve velké míse.
- Do předehřáté pánve nalijte trochu olivového oleje.
- Vytvořte karbanátek o něco menší než golfový míček a vložte ho do pánve.
- Pečeme na pánvi nebo na plechu a pečeme v předehřáté troubě 25 minut.

5. Masové kuličky z černých fazolí

SLOŽENÍ:

- 3 lžíce olivového oleje
- ½ šálku nasekané cibule
- 1 stroužek česneku, nasekaný
- 1½ šálku černých fazolí
- 1 lžíce nasekané čerstvé petrželky
- ½ šálku suché nekořeněné panko
- ¼ šálku pšeničné lepkové mouky
- 1 lžička uzené papriky
- ½ lžičky sušeného tymiánu
- Sůl a čerstvě mletý černý pepř

INSTRUKCE:

- Na pánvi rozehřejte 1 polévkovou lžíci oleje a několik minut zahřívejte.
- Přidejte cibuli a česnek a vařte do změknutí, asi 5 minut.
- Přeneste cibulovou směs do kuchyňského robota.
- Přidejte fazole, petržel, panko , mouku, papriku, tymián a podle chuti sůl a pepř.
- Zpracujte, dokud se dobře nespojí, zanechá nějakou texturu.
- Ze směsi vytvarujte 4 stejné masové kuličky a dejte na 20 minut do lednice.
- V pánvi rozehřejte zbývající 2 lžíce oleje na mírném ohni.
- Přidejte masové kuličky a opékejte, dokud z obou stran nezhnědnou, jednou otočte, asi 5 minut z každé strany.

6.Ovesné a zeleninové karbanátky

SLOŽENÍ:
- 2 lžíce plus 1 lžička olivového oleje
- 1 cibule, nakrájená
- 1 mrkev, nastrouhaná
- 1 šálek nesolených smíšených ořechů
- ¼ šálku pšeničné lepkové mouky
- ½ šálku staromódního ovsa a v případě potřeby více
- 2 lžíce krémového arašídového másla
- 2 lžíce nasekané čerstvé petrželky
- ½ lžičky soli
- ¼ lžičky čerstvě mletého černého pepře

INSTRUKCE:
- V pánvi rozehřejte na mírném ohni 1 lžičku oleje.
- Přidejte cibuli a vařte do měkka, asi 5 minut. Vmícháme mrkev a dáme stranou.
- V kuchyňském robotu rozdrťte ořechy, dokud nejsou nasekané.
- Přidejte směs cibule a mrkve spolu s moukou, ovesem, arašídovým máslem, petrželkou, solí a pepřem. Zpracujte, dokud se dobře nepromíchá.
- Ze směsi vytvarujte 4 stejné karbanátky.
- Na pánvi rozehřejte zbývající 2 lžíce oleje, přidejte karbanátky a opékejte je z obou stran do hněda, asi 5 minut z každé strany.

7. Bílé fazolové a ořechové karbanátky

SLOŽENÍ:

- ¼ šálku nakrájené cibule
- 1 stroužek česneku, rozdrcený
- 1 hrnek kousky vlašských ořechů
- 1 šálek konzervovaných nebo vařených bílých fazolí
- 1 hrnek pšeničné lepkové mouky
- 2 lžíce nasekané čerstvé petrželky
- 1 lžíce sójové omáčky
- 1 lžička dijonské hořčice plus další k podávání
- ½ lžičky soli
- ½ lžičky mleté šalvěje
- ½ lžičky sladké papriky
- ¼ lžičky kurkumy
- ¼ lžičky čerstvě mletého černého pepře
- 2 lžíce olivového oleje

INSTRUKCE:

- V kuchyňském robotu smíchejte cibuli, česnek a vlašské ořechy a zpracujte, dokud nebude jemně mletá.
- Fazole vařte na pánvi za míchání 1 až 2 minuty, aby se odpařila veškerá vlhkost.
- Přidejte fazole do kuchyňského robotu spolu s moukou, petrželkou, sójovou omáčkou, hořčicí, solí, šalvějí, paprikou, kurkumou a pepřem.
- Zpracujte, dokud se dobře nepromíchá. Ze směsi vytvarujte 4 stejné masové kuličky.
- V pánvi rozehřejte olej na mírném ohni.
- Přidejte masové kuličky a opékejte je z obou stran asi 5 minut z každé strany.

8. Karbanzo fazolové a mrkvové karbanátky

SLOŽENÍ:
- 2 šálky Rozmačkané fazole garbanzo
- Každý 1 stonek celeru, nakrájený najemno
- 1 každá mrkev, jemně nakrájená
- $\frac{1}{4}$ cibule, nasekaná
- $\frac{1}{4}$ šálku celozrnné mouky
- Sůl a pepř na dochucení
- 2 lžičky oleje

INSTRUKCE:
- Ingredience kromě oleje smícháme v míse.
- Vytvarujte 6 masových kuliček.
- Smažte na pánvi vymazané olejem na středně vysoké teplotě, dokud nejsou masové kuličky z každé strany zlatavě hnědé.

9. Grilované bulgurové a čočkové karbanátky

SLOŽENÍ:

- 2 šálky vařené čočky
- 1 šálek uzených hub Portobello,
- 1 šálek pšenice Bulgur
- 2 stroužky pečeného česneku,
- 2 lžíce ořechového oleje
- ¼ lžičky estragonu, mletého
- Sůl a pepř na dochucení

INSTRUKCE:

- Připravte si gril na dřevo nebo dřevěné uhlí a nechte jej dohořet na uhlíky.
- V míse rozmačkejte čočku do hladka.
- Přidejte všechny ingredience a míchejte, dokud se důkladně nespojí.
- Dejte do lednice alespoň na 2 hodiny. Tvarujte karbanátky.
- Masové kuličky potřete olivovým olejem a grilujte 6 minut z každé strany nebo dokud nebudou hotové.

10. Houbové tofu masové kuličky

SLOŽENÍ:

- ½ šálku ovesných vloček
- 1¼ šálku hrubě nasekaných mandlí
- 1 lžíce olivového nebo řepkového oleje
- ½ šálku nakrájené zelené cibule
- 2 lžičky mletého česneku
- 1½ šálku nakrájeného Cremini
- ½ šálku vařené hnědé basmati
- ⅓ šálku veganského sýru čedar
- ⅔ šálku Rozmačkané pevné tofu
- 1 veganská vaječná náhražka
- 3 lžíce nasekané petrželky
- ½ šálku suché panko

INSTRUKCE:

- Na pánvi rozehřejte olej a orestujte na něm cibuli, česnek a houby, dokud nezměknou.
- Přidejte ovesné vločky a za stálého míchání vařte další 2 minuty.
- Smíchejte cibulovou směs s rýží, veganským sýrem, tofu a veganskou náhražkou vajec.
- Petržel, panko a mandle a promíchejte, aby se spojily. Dochutíme solí a pepřem.
- Vytvarujte 6 masových kuliček a orestujte nebo opékejte dozlatova a zvenku křupavé.

11.Čočkové, hráškové a mrkvové karbanátky

SLOŽENÍ:
- ½ nakrájené cibule
- ½ šálku vařené zelené čočky
- ⅓ šálku vařeného hrášku
- 1 strouhaná mrkev
- 1 lžíce nasekané čerstvé petrželky
- 1 lžička Tamari
- 2 šálky panko
- ¼ šálku mouky
- 1 veganská vaječná náhražka

INSTRUKCE:
- Cibuli osmahneme do měkka, smícháme všechny suroviny kromě mouky a necháme vychladnout.
- Ze směsi tvoříme karbanátky a opékáme na pánvi.

12. Houbové a zeleninové karbanátky

SLOŽENÍ:
- 10 uncí Zelenina, míchaná, mražená
- 1 veganská vaječná náhražka
- špetka Sůl a pepř
- ½ šálku žampionů, čerstvých, nakrájených
- ½ šálku panko
- 1 cibule, nakrájená na plátky

INSTRUKCE:
- Předehřejte troubu na 350 stupňů.
- Zeleninu vařte v páře, dokud nezměkne
- Dejte stranou vychladnout.
- Podušenou zeleninu nakrájíme nadrobno a smícháme s veganským vejcem, solí, pepřem, houbami a panko .
- Ze směsi tvoříme masové kuličky.
- Masové kuličky s plátky cibule položte na lehce olejem vymazaný plech.
- Pečte, jednou otočte, dokud nebude z obou stran hnědá a křupavá, asi 45 minut.

13. masové kuličky TexMex

SLOŽENÍ:
- 15¼ unce Konzervovaná celá kukuřice
- ½ šálku tekutiny vyhrazeno
- ½ šálku kukuřičné mouky
- ½ šálku cibule, jemně nakrájené
- ⅓ šálku červené papriky, jemně nasekané
- ½ lžičky Limetkové kůry, nastrouhané
- ¼ šálku vařené bílé rýže
- 3 lžíce čerstvého koriandru, nasekaného
- 4 lžičky chilli papričky Jalapeno
- ½ lžičky mletého kmínu
- 4 moučné tortilly, 9 až 10 palců

INSTRUKCE:
- Smíchejte ½ šálku kukuřičných zrn a 1 polévkovou lžíci kukuřičné mouky v procesoru, dokud se nevytvoří vlhké hrudky.
- Přidejte ¾ šálku kukuřičných zrn a zpracujte 10 sekund
- Přeneste kukuřičnou směs do těžké nepřilnavé pánve.
- Přidejte ½ šálku kukuřičné tekutiny, cibuli, papriku a limetkovou kůru.
- Přikryjte a vařte na velmi mírném ohni, dokud nezhoustne a neztuhne, často míchejte 12 minut.
- Smíchejte rýži, koriandr, jalapeňo, sůl a kmín.
- Pokapejte ¼ směsi na každý ze 4 kusů fólie a roztlačte kousky na 3/4 palce silné masové kuličky.
- Připravte grilování.
- Masové kuličky nastříkejte na obě strany nepřilnavým sprejem a grilujte dokřupava, asi 5 minut z každé strany.
- Tortilly grilujte, dokud nebudou pružné, asi 30 sekund z každé strany

14. Grilované fazolové karbanátky

SLOŽENÍ:

- 2 unce vařených smíšených fazolí
- 1 cibule, nakrájená nadrobno
- 1 mrkev, jemně nastrouhaná
- 1 lžička rostlinného extraktu
- 1 lžička Sušené smíšené bylinky
- 1 unce celozrnné panko

INSTRUKCE:

- Všechny ingredience rozmixujte v kuchyňském robotu nebo mixéru téměř do hladka.
- Vytvarujte 4 silné karbanátky a dobře vychlaďte.
- Potřete olejem a grilujte nebo grilujte asi 15 minut, jednou nebo dvakrát otočte.
- Podáváme v sezamových palačinkách s pochutinou, salátem a hranolky.

15.Cibule Oves Masové koule

SLOŽENÍ:

- 4 šálky vody
- ½ šálku sójové omáčky se sníženým obsahem soli
- ½ šálku nutričního droždí
- 1 cibule nakrájená na kostičky
- 1 lžíce oregana
- ½ lžíce česnekového prášku
- 1 lžíce sušené bazalky
- 4½ šálků staromódního ovsa

INSTRUKCE:

- Všechny ingredience kromě ovsa přiveďte k varu.
- Snižte teplotu a vmíchejte 4 ½ šálků ovesných vloček.
- Vařte asi 5 minut, dokud se voda nevstřebá.
- Směsí naplňte obdélníkový nepřilnavý pekáč
- Pečte při 350 F. po dobu 25 minut.
- Poté je nakrájejte na 4" čtvercové masové kuličky a otočte je.
- Vařte dalších 20 minut.
- Podáváme jako hlavní chod, teplé nebo studené.

16. Masové kuličky z divokých hub

SLOŽENÍ:

- 2 lžičky olivového oleje
- 1 Žlutá cibule, nakrájená nadrobno
- 2 šalotky, oloupané a nasekané
- ⅛ lžičky soli
- 1 šálek suchých hub shiitake
- 2 šálky Portobello houby
- 1 balení tofu
- ⅓ šálku opečené pšeničné klíčky
- ⅓ šálku panko
- 2 lžíce světlé sojové omáčky
- 1 lžička Tekuté kouřové aroma
- ½ lžičky granulovaného česneku
- ¾ šálku rychlého vaření ovsa

INSTRUKCE:

- Na olivovém oleji orestujte cibuli, šalotku a sůl asi 5 minut.
- Změklé houby shiitake odstopněte a nasekejte je s čerstvými houbami v kuchyňském robotu. Přidejte dvě cibule.
- Vařte 10 minut, občas promíchejte, aby se nepřilepily.
- Houby smícháme s rozmačkaným tofu, přidáme zbylé ingredience a dobře promícháme.
- Navlhčete ruce, aby se nelepily a netvořily se masové kuličky.
- Pečte 25 minut, po 15 minutách jednou otočte.

17.Tofu Tahini vegetariánské masové kuličky

SLOŽENÍ:
- 1 libra pevného tofu, okapané
- 1½ šálku syrových ovesných vloček
- ½ šálku strouhané mrkve
- 1 Nakrájená orestovaná cibule
- 1 polévková lžíce Tahini, více či méně
- 1 lžíce sójové omáčky

INSTRUKCE:
- Přidejte směs vybraného koření a bylinek.
- Na plechu tvarujte karbanátky.
- Pečte na 350 20 minut, otočte je a pečte dalších 10 minut.

18. Masové kuličky z černých fazolí a arašídů

SLOŽENÍ:

- 1 šálek TVP granulí
- 1 šálek vody
- 1 lžíce sójové omáčky
- 15-uncová plechovka černých fazolí
- ½ šálku vitální pšeničné lepkové mouky
- ¼ šálku barbecue omáčky
- 1 lžíce tekutého kouře
- ½ lžičky černého pepře
- 2 lžíce arašídového másla

INSTRUKCE:

- Rekonstituujte TVP smícháním s vodou a sójovou omáčkou v misce vhodné do mikrovlnné trouby, těsně přikryjte plastovou fólií a 5 minut dejte do mikrovlnné trouby na vysoký výkon.
- Přidejte fazole, pšeničný lepek, barbecue omáčku, tekutý kouř, pepř a arašídové máslo do rekonstituovaného TVP, jakmile je dostatečně vychladlý, aby se dal zvládnout.
- Rozmačkejte ji rukama, dokud nebude jednotná a většina fazolí není rozmačkaná.
- Vytvarujte 6 masových kuliček.
- Grilujte na grilu, za pochodu potírejte další barbecue omáčkou, asi 5 minut z každé strany.

19. Veganské slaninové masové kuličky

SLOŽENÍ:

- 1 šálek TVP granulí
- 2 lžíce steakové omáčky
- 1 lžíce tekutého kouře
- ¼ šálku řepkového oleje
- 1/3 šálku arašídového másla
- ½ šálku vitální pšeničné lepkové mouky
- ½ šálku kousků veganské slaniny
- ¼ šálku nutričního droždí
- 1 lžička papriky
- 1 lžíce česnekového prášku
- 1 lžička mletého černého pepře

INSTRUKCE:

- Rekonstituujte TVP smícháním TVP, vody, steakové omáčky a tekutého kouře v misce vhodné do mikrovlnné trouby, těsně přikryjte plastovou fólií a 5 minut dejte do mikrovlnné trouby na vysoký výkon.
- Přidejte olej a arašídové máslo do směsi TVP.
- V míse smíchejte pšeničný lepek, kousky veganské slaniny, droždí, papriku, česnekový prášek a černý pepř.
- Přidejte směs TVP do směsi mouky a hněte, dokud se dobře nezapracuje.
- Zakryjte a nechte 20 minut stát.
- Vytvarujte 4 až 6 masových kuliček a připravte podle potřeby.

20.Ječné ovesné karbanátky

SLOŽENÍ:
- 1 šálek konzervovaných máslových fazolí
- ¾ šálku bulguru, vařené
- ¾ šálku ječmene, vařené
- ½ šálku rychlých ovesných vloček, nevařených
- 1½ lžíce sójové omáčky
- 2 lžíce barbecue omáčky
- 1 lžička sušené bazalky
- ½ šálku cibule, jemně nakrájené
- 1 stroužek česneku, jemně nasekaný
- 1 řapíkatý celer, nakrájený
- 1 lžička soli
- Pepper dva klíče

INSTRUKCE:
- Vidličkou nebo šťouchadlem na brambory fazole jen mírně rozmačkejte.
- Přidejte zbytek ingrediencí a vytvořte 6 masových kuliček.
- Pánev potřete olejem a opečte karbanátky z obou stran.

21. Masové kuličky z tempehu a ořechů

SLOŽENÍ:

- 8 uncí tempehu, nakrájeného na ½-palcové kostky
- ¾ šálku nakrájené cibule
- 2 stroužky česneku, nakrájené
- ¾ šálku nasekaných vlašských ořechů
- ½ šálku staromódního nebo rychle uvařeného ovsa
- 1 lžíce nasekané čerstvé petrželky
- ½ lžičky sušeného oregana
- ½ lžičky sušeného tymiánu
- ½ lžičky soli
- ¼ lžičky čerstvě mletého černého pepře
- 3 lžíce olivového oleje

INSTRUKCE:

- V hrnci s vařící vodou vaříme tempeh 30 minut.
- Scedíme a necháme vychladnout.
- V kuchyňském robotu smíchejte cibuli a česnek a zpracujte, dokud nebude mletá.
- Přidejte vychladlý tempeh, vlašské ořechy, oves, petržel, oregano, tymián, sůl a pepř.
- Zpracujte, dokud se dobře nepromíchá. Ze směsi vytvarujte 4 stejné karbanátky.
- V pánvi rozehřejte olej na mírném ohni.
- Přidejte masové kuličky a důkladně je opečte, dokud z obou stran nezhnědnou, 7 minut z každé strany.

22. Míchané fazolové a ovesné karbanátky

SLOŽENÍ:
- 1 lžíce olivového oleje
- 1 cibule, nakrájená
- 4 stroužky česneku, nasekané
- 1 mrkev, nakrájená
- 1 lžička mletého kmínu
- 1 lžička chilli prášku
- Pepper dva klíče
- 15 *uncí* pinto fazolí, opláchnutých, scezených a rozmačkaných
- 15 *uncí* černých fazolí, opláchnutých, scezených a rozmačkaných
- 1 lžíce kečupu
- 2 lžíce dijonské hořčice
- 2 lžíce sójové omáčky
- 1½ šálku ovesných vloček
- ½ šálku salsy

INSTRUKCE:
- Přidejte olivový olej do pánve nad ohněm.
- Cibuli vařte 2 minuty za častého míchání.
- Vmícháme česnek. Poté vařte 1 minutu.
- Přidejte mrkev, mletý kmín a chilli prášek.
- Vařte za stálého míchání 2 minuty.
- Mrkvovou směs přendejte do misky.
- Vmíchejte rozmačkané fazole, kečup, hořčici, sójovou omáčku a oves.
- Vytvarujte masové kuličky.
- Masové kuličky grilujte 4 až 5 minut z každé strany.

23. z tempehu a ořechů

SLOŽENÍ:
- 8 uncí tempehu, nakrájeného na ½-palcové kostky
- ¾ šálku nakrájené cibule
- 2 stroužky česneku, nakrájené
- ¾ šálku nasekaných vlašských ořechů
- ½ šálku staromódního nebo rychle uvařeného ovsa
- 1 lžíce nasekané čerstvé petrželky
- ½ lžičky sušeného oregana
- ½ lžičky sušeného tymiánu
- ½ lžičky soli
- ¼ lžičky čerstvě mletého černého pepře
- 3 lžíce olivového oleje

INSTRUKCE:
- V hrnci s vařící vodou vaříme tempeh 30 minut.
- Scedíme a necháme vychladnout.
- V kuchyňském robotu smíchejte cibuli a česnek a zpracujte, dokud nebude mletá.
- Přidejte vychladlý tempeh, vlašské ořechy, oves, petržel, oregano, tymián, sůl a pepř.
- Zpracujte, dokud se dobře nepromíchá. Ze směsi vytvarujte 4 stejné karbanátky.
- V pánvi rozehřejte olej na mírném ohni.
- Přidejte masové kuličky a vařte, dokud nejsou důkladně propečené a zhnědlé na obou stranách, asi 7 minut na každé straně.

24. Macadamia Carrot Masové koule

SLOŽENÍ:
- 1 šálek nasekaných makadamových ořechů
- 1 šálek nakrájených kešu oříšků
- 1 mrkev, nastrouhaná
- 1 cibule, nakrájená
- 1 stroužek česneku, nasekaný
- 1 jalapeño nebo jiné zelené chilli, zbavené semínek a nasekané
- 1 šálek staromódního ovsa
- 1 hrnek suché nekořeněné mandlové mouky
- 2 lžíce mletého čerstvého koriandru
- ½ lžičky mletého koriandru
- Sůl a čerstvě mletý černý pepř
- 2 lžičky čerstvé limetkové šťávy
- Řepkový nebo hroznový olej na smažení

INSTRUKCE:
- V kuchyňském robotu smíchejte makadamové ořechy, kešu, mrkev, cibuli, česnek, chilli, oves, mandlovou mouku, koriandr, koriandr a podle chuti sůl a pepř.
- Zpracujte, dokud se dobře nepromíchá. Přidejte limetkovou šťávu a zpracujte, dokud se dobře nespojí.
- Ochutnejte, v případě potřeby upravte koření.
- Ze směsi vytvarujte 4 stejné masové kuličky.
- V pánvi rozehřejte na mírném ohni tenkou vrstvu oleje.
- Přidejte masové kuličky a opékejte je z obou stran dozlatova, celkem jednou otočte asi 10 minut.

25. Kari cizrnové karbanátky

SLOŽENÍ:
- 3 lžíce olivového oleje
- 1 cibule, nakrájená
- 1½ lžičky horkého nebo jemného kari
- ½ lžičky soli
- 1/8 lžičky mletého kajenského pepře
- 1 hrnek uvařené cizrny
- 1 lžíce nasekané čerstvé petrželky
- ½ šálku pšeničné lepkové mouky
- 1/3 šálku suché nekořeněné mandlové mouky

INSTRUKCE:
- V pánvi rozehřejte na mírném ohni 1 lžíci oleje.
- Přidejte cibuli, přikryjte a vařte do změknutí, 5 minut. Vmíchejte 1 lžičku kari, sůl a kajenský pepř a stáhněte z ohně. Dát stranou.
- V kuchyňském robotu smíchejte cizrnu, petržel, pšeničnou lepkovou mouku, mandlovou mouku a uvařenou cibuli.
- Z cizrnové směsi vytvořte 4 stejné karbanátky a dejte stranou.
- V pánvi rozehřejte zbývající 2 lžíce oleje na mírném ohni.
- Přidejte masové kuličky, přikryjte a opékejte dozlatova z obou stran, jednou otočte, asi 5 minut z každé strany.
- V misce smíchejte zbývající ½ lžičky kari s majonézou a promíchejte dvě směsi.

26. Pinto fazolové karbanátky s majonézou

SLOŽENÍ:
- 1½ šálku vařených fazolí pinto
- 1 šalotka, nakrájená
- 1 stroužek česneku, nasekaný
- 2 lžíce nasekaného čerstvého koriandru
- 1 lžička kreolského koření
- ¼ šálku pšeničné lepkové mouky
- Sůl a čerstvě mletý černý pepř
- ½ šálku suché nekořeněné mandlové mouky
- 2 lžičky čerstvé limetkové šťávy
- 1 serrano chile, nasekané a nasekané
- 2 lžíce olivového oleje

INSTRUKCE:
- Osušte fazole papírovými utěrkami, aby absorbovaly přebytečnou vlhkost.
- V kuchyňském robotu smíchejte fazole, šalotku, česnek, koriandr, kreolské koření, mouku a sůl a pepř podle chuti. Zpracujte, dokud se dobře nepromíchá.
- Ze směsi vytvarujte 4 stejné masové kuličky, v případě potřeby přidejte více mouky.
- Masové kuličky obalíme v mandlové mouce. Dejte na 20 minut do lednice.
- V misce smíchejte majonézu, limetkovou šťávu a serrano chile.
- Dochuťte solí a pepřem podle chuti, dobře promíchejte a dejte do chladu, dokud nebudete připraveni k podávání.
- V pánvi rozehřejte olej na mírném ohni.
- Přidejte masové kuličky a opékejte, dokud nezhnědnou a z obou stran nebudou křupavé, asi 5 minut z každé strany.

27. Čočkové, houbové a rýžové karbanátky

SLOŽENÍ:
- ¾ šálku Čočka
- 1 Sladké brambory
- 10 Listy čerstvého špenátu
- 1 šálek Čerstvé houby, nakrájené
- ¾ šálku Mandlová mouka
- 1 lžička Estragon
- 1 lžička Česnekový prášek
- 1 lžička Petrželové vločky
- ¾ šálku Dlouhozrnná rýže

INSTRUKCE:
- Vařte rýži do uvařené a mírně lepivé a čočku do měkka. Mírně ochlaďte.
- Oloupané batáty najemno nasekáme a uvaříme do měkka. Mírně ochlaďte.
- Listy špenátu by měly být opláchnuty a jemně nasekány.
- Smíchejte všechny přísady a koření, přidejte sůl a pepř podle chuti.
- Necháme 15-30 min vychladit v lednici.
- Tvarujte karbanátky a opékejte na pánvi nebo na zeleninovém grilu.
- Nezapomeňte vymazat nebo postříkat pánev Pam, protože tyto masové kuličky budou mít tendenci se lepit.

28. Shiitake a ovesné karbanátky

SLOŽENÍ:

- 8 uncí válcovaného ovsa
- 4 unce veganského sýra mozzarella
- 3 unce houby Shiitake nakrájené na kostičky
- 3 unce bílé cibule nakrájené na kostičky
- 2 stroužky česneku nasekané
- 2 unce červené papriky nakrájené na kostičky
- 2 unce cuketové kostky

INSTRUKCE:

- Smíchejte všechny ingredience v kuchyňském robotu.
- Stiskněte vypínač, aby se přísady zhruba spojily.
- Nepřemíchávejte. Konečné míchání lze provést ručně.
- Vytvarujte čtyřuncové masové kuličky.
- Na pánev přidejte množství olivového oleje.
- Když je pánev rozpálená, přidejte karbanátky.
- Vařte jednu minutu z každé strany.

29.Ovesné a veganské mozzarella masové kuličky

SLOŽENÍ:
- ½ šálku zelené cibule, nakrájené
- ¼ šálku zeleného pepře, nakrájeného
- ¼ šálku petrželky, nasekané
- ¼ lžičky bílého pepře
- 2 stroužky česneku, nakrájené na kostičky
- ½ šálku veganského sýra Mozzarella, nastrouhaný
- ¾ šálku hnědé rýže
- ⅓ šálku vody nebo bílého vína
- ½ šálku mrkve, nastrouhané
- ⅔ šálku Nakrájená cibule
- 3 řapíkatý celer, nakrájený
- 1¼ lžičky kořenící soli
- ¾ lžičky tymiánu
- ½ šálku veganského sýra Cheddar, strouhaného
- 2 šálky rychlého ovsa
- ¾ šálku pšenice Bulgur

INSTRUKCE:
- Vařte rýži a pšeničný bulgur.
- Zeleninu dusíme 3 minuty v zakryté pánvi a jednou nebo dvakrát promícháme.
- Důkladně sceďte a smíchejte s rýží a veganským sýrem, dokud se sýr mírně nerozpustí.
- Vmíchejte zbývající ingredience.
- Vytvarujte karbanátky o velikosti 4 unce.
- Vařte každou asi 10 minut na grilu pomocí spreje na vaření.
- Podáváme jako hlavní jídlo.

30. Ořechové a zeleninové karbanátky

SLOŽENÍ:

- ½ červené cibule
- 1 Nakrájejte celer
- 1 mrkev
- ½ červené papriky
- 1 šálek vlašských ořechů, pražených, mletých
- ½ šálku panko
- ½ šálku těstoviny orzo
- 2 veganské vaječné náhražky
- Sůl a pepř
- Plátky avokáda
- Plátky červené cibule
- Catsup
- Hořčice

INSTRUKCE:

- Na oleji orestujte cibuli celer, mrkev a červenou papriku do změknutí
- Přidejte česnek, ořechy, strouhanku a rýži. Tvarujte karbanátky.
- Smažíme na oleji dozlatova.
- Sestavte na misku.

31. kuličky Yam Veggie

SLOŽENÍ:
- 1½ šálku oloupaného a nastrouhaného yam
- 2 stroužky česneku, oloupané
- ¾ šálku čerstvých listů koriandru
- 1 kus čerstvého zázvoru, oloupaný
- 15-uncová plechovka cizrny, okapaná a propláchnutá
- 2 lžíce mletého lnu smíchané se 3 lžícemi vody
- ¾ šálku ovesných vloček, rozemletých na mouku
- ½ lžičky sezamového oleje
- 1 lžíce kokosových aminokyselin nebo tamari s nízkým obsahem sodíku
- ½ lžičky jemnozrnné mořské soli nebo růžové himalájské soli podle chuti
- Čerstvě mletý černý pepř, dvě chuti
- 1½ lžičky chilli prášku
- 1 lžička kmínu
- ½ lžičky koriandru
- ¼ lžičky skořice
- ¼ lžičky kurkumy
- ½ šálku koriandrovo-limetkové tahini omáčky

INSTRUKCE:
- Předehřejte troubu na 350 F.
- Plech vyložte kusem pečícího papíru.
- Česnek, koriandr a zázvor nasekejte najemno.
- Přidejte scezenou cizrnu a znovu zpracujte, dokud není nakrájená najemno, ale ponechte trochu textury. Tuto směs naberte do misky.
- V misce smíchejte směs lnu a vody.
- Ovesné vločky rozemelte na mouku pomocí mixéru nebo kuchyňského robotu.

- Tu vmícháme do směsi spolu s lněnou směsí.
- Nyní vmíchejte olej, aminokyseliny/tamari, sůl/pepř a koření, dokud se důkladně nespojí. V případě potřeby upravte na klíč.
- Vytvarujte 6-8 masových kuliček a směs pevně sbalte. Umístěte na plech.
- Pečte 15 minut, poté opatrně vyklopte a pečte dalších 18–23 minut dozlatova a zpevněte. Ochlaďte na pánvi.

32. Čočkové, pistáciové a shiitake masové kuličky

SLOŽENÍ:

- 3 šalotky, nakrájené na kostičky
- 2 lžičky olivového oleje
- ½ šálku černé čočky, opláchnuté
- 6 kloboučků sušených hub shiitake
- ½ šálku pistácií
- ¼ šálku čerstvé petrželky, nasekané
- ¼ šálku vitálního pšeničného lepku
- 1 polévková lžíce Ener-G, rozšlehaná s ⅛ šálku vody
- 2 lžičky sušené drcené šalvěje
- ½ lžičky soli
- ¼ lžičky mletého pepře

INSTRUKCE:

- Nakrájenou šalotku orestujte na oleji na mírném ohni. Dát stranou.
- Přiveďte k varu tři šálky vody.
- Přidejte čočku a sušené čepice shiitake a na hrnec umístěte poklici, aby mohla během vaření unikat pára.
- Vařte 18–20 minut, poté je přelijte do jemného cedníku, aby okapaly a vychladly.
- Odstraňte shiitake z čočky a nakrájejte je na kostičky, vyhoďte tuhé stonky.
- Pistácie vložte do kuchyňského robotu a nahrubo je namelte.
- Přidejte šalotku, čočku, nakrájené čepice shiitake, pistácie a petržel do mísy a míchejte, dokud se dobře nespojí.
- Přidejte vitální pšeničný lepek a promíchejte.
- Přidejte směs voda/Energ-G a míchejte asi dvě minuty silnou vidličkou, aby se rozvinul lepek.

- Přidejte šalvěj, sůl a pepř a míchejte, dokud se dobře nespojí.
- Chcete-li karbanátky smažit, tvarujte z nich karbanátky, přičemž směs při tvarování lehce mačkejte.
- Smažíme na pánvi s trochou olivového oleje 2-3 minuty z každé strany, nebo dokud lehce nezhnědne.

33. masové kuličky s vysokým obsahem bílkovin

SLOŽENÍ:

- 1 šálek texturovaného rostlinného proteinu
- ½ šálku vařených červených fazolí
- 3 lžíce oleje
- 1 lžíce javorového sirupu
- 2 lžíce rajčatového protlaku
- 1 lžíce sójové omáčky
- 1 polévková lžíce nutričního droždí
- ½ lžičky mletého kmínu
- ¼ čajové lžičky: mletá paprika chilli, česnekový prášek, cibulový prášek, oregano
- ⅛ lžičky tekutého kouře
- ¼ šálku vody nebo šťávy z červené řepy
- ½ šálku vitálního pšeničného lepku

INSTRUKCE:

- Přiveďte k varu hrnec s vodou.
- Přidejte strukturovaný rostlinný protein a vařte 10-12 minut.
- Vypusťte TVP a několikrát jej propláchněte.
- Stiskněte TVP rukama, abyste odstranili přebytečnou vlhkost.
- Do mísy kuchyňského robota přidejte uvařené fazole, olej, javorový sirup, rajčatový protlak, sójovou omáčku, nutriční droždí, koření, tekutý kouř a vodu.
- Zpracujte 20 sekund, seškrábejte po stranách a znovu zpracujte, dokud se nevytvoří kaše.
- Přidejte rehydratovaný TVP a zpracujte 7-10 sekund, nebo dokud není TVP dobře nasekaný.
- Přeneste směs do mixovací nádoby a přidejte vitální pšeničný lepek.

- Promíchejte a poté 2-3 minuty hněťte rukama, aby se rozvinul lepek.
- Směs rozdělíme na 3 a tvoříme karbanátky.
- Každý karbanátek opatrně zabalte do pergamenu a poté do hliníkové fólie.
- Obalené masové kuličky vložte do tlakového hrnce a vařte pod tlakem $1\frac{1}{2}$ hodiny.
- Po uvaření masové kuličky rozbalte a nechte 10 minut vychladnout.
- Masové kuličky opečte na trošce oleje z každé strany do zlatova.
- Masové kuličky vydrží v lednici až 4 dny.

34. Tofu kuličky

SLOŽENÍ:

- 6 šálků vody; vařící
- 5 šálků tofu; rozpadl se
- 1 šálek celozrnné strouhanky
- ¼ šálku Tamari
- ¼ šálku nutričního droždí
- ¼ šálku arašídového másla
- Náhrada vajec za 1 vejce
- ½ šálku cibule; jemně nasekané
- 4 Stroužky česneku; lisované
- 1 lžička Tymiánu
- 1 lžička bazalky
- ¼ lžičky celerových semínek
- ¼ lžičky hřebíčku; přízemní

INSTRUKCE:

- Vše kromě 1 šálku rozdrobeného tofu vhoďte do vroucí vody. Stiskněte tofu.
- K vylisovanému tofu přidáme zbylé suroviny a dobře promícháme.
- Vytvarujte ze směsi vytvarujte kuličky velikosti vlašského ořechu a pokládejte je na olejem vymazaný plech.
- Pečte při 350 stupních po dobu 20-25 minut nebo dokud nejsou kuličky pevné a hnědé.
- V případě potřeby je během pečení jednou obraťte.

35. Karfiol, fazole a špenát karbanátky str

SLOŽENÍ:

- 9 oz květákové růžičky, vařené
- 7 uncí mraženého nakrájeného špenátu, rozmraženého
- 400 g plechových černých fazolí, okapaných
- 2 stroužky česneku, rozdrcené nebo nastrouhané
- 2 lžičky sójové omáčky
- 1 lžička smíchaných sušených bylinek

INSTRUKCE:

- V hrnci s vroucí vodou uvařte růžičky květáku.
- Do misky nastrouháme květák a přidáme špenát, fazole, česnek, sójovou omáčku a smíchané bylinky.
- Směs propracujte šťouchadlem na brambory, abyste vytvořili hrubou pastu.
- Ovesné vločky rozmixujte na jemný prášek, poté přidejte do mísy a promíchejte, aby se spojily.
- Ze směsi udělejte kuličky.
- Smažte zeleninové kuličky po dávkách do zlatohnědé.

36. Veganské karbanátky pečené v troubě

SLOŽENÍ:
- 1 lžíce mletých lněných semínek
- ¼ šálku + 3 lžíce zeleninového vývaru
- 1 velká cibule, oloupaná a nakrájená na čtvrtky
- 2 stroužky česneku, oloupané
- 1½ rostlinných masových kuliček
- 1 hrnek strouhanky
- ½ šálku veganského parmazánu
- 2 lžíce čerstvé petrželky, nasekané nadrobno
- Sůl a pepř, dvě chuti
- Olej na vaření ve spreji

INSTRUKCE:
- Přidejte cibuli a česnek do kuchyňského robotu a míchejte, dokud se nerozpustí.
- Do velké mixovací mísy přidejte lněné vejce, ¼ šálku zeleninového vývaru, prolisovanou cibuli a česnek, maso z Impossible karbanátky, strouhanku, veganský parmazán, petržel a špetku soli a pepře. Dobře promíchejte, aby se spojily.
- Z veganské masové směsi na 32 kuliček.
- dejte na vymazaný plech a pečte v troubě asi 10 minut nebo do zlatova.

37. Masové kuličky s houbami a kešu parmazánem

SLOŽENÍ:
- 1 lžíce olivového oleje
- 1 libra čerstvých bílých hub
- 1 špetka soli
- 1 lžíce másla
- ½ šálku jemně nakrájené cibule
- 4 stroužky česneku, nasekané
- ½ šálku rychlovarného ovsa
- 1 unce kešu parmazán
- ½ šálku strouhanky
- ¼ šálku nasekané ploché petrželky
- 2 vejce, rozdělená
- 1 lžička soli
- čerstvě mletý černý pepř podle chuti
- 1 špetka kajenského pepře nebo podle chuti
- 1 špetka sušeného oregana
- 3 šálky omáčky na těstoviny
- 1 lžíce kešu parmazán
- 1 lžíce nasekané plocholisté petrželky

INSTRUKCE:
- V pánvi rozehřejte olivový olej na středně vysokou teplotu.
- Do rozpáleného oleje přidáme houby, osolíme a vaříme a mícháme, dokud se tekutina z hub neodpaří.
- Do hub vmíchejte máslo, snižte teplotu na střední a vařte a míchejte houby do zlatova, asi 5 minut

38.Cremini & Čočkové karbanátky

SLOŽENÍ:

- 1 hrnek sušené čočky
- ¼ šálku olivového oleje
- 1 cibule, asi 1 šálek nakrájený
- 8 oz cremini houby
- 3 stroužky česneku, mleté
- 1½ hrnku panko strouhanky
- Špetka italského koření a cayenne
- 2½ lžičky soli, rozdělené
- 2 vejce
- 1 šálek veganského parmazánu

INSTRUKCE:

- Ve velké míse smíchejte půlky rajčat spolu s 1 lžičkou italského koření, 1 lžičkou soli a ¼ šálku olivového oleje.
- Houby rozdrťte v kuchyňském robotu, dokud nebudou mít velikost hrášku.
- Když je olej rozpálený, přidejte cibuli a opékejte asi 3 minuty, až zesklovatí. Přidejte česnek a luštěné houby a orestujte.
- Ve velké míse smíchejte houbovou čočkovou směs spolu se strouhankou panko chleba a kořením.
- Formujte kuličky a pečte.

39.Citronově oreganové masové kuličky

SLOŽENÍ:
- 1 lžíce mletých lněných semínek
- 1 lžíce olivového oleje plus navíc
- 1 malá žlutá cibule a 3 stroužky česneku
- Špetka oregana, cibulový prášek, tamari
- ½ lžičky mletých chilli papriček
- mořská sůl a mletý černý pepř podle chuti
- 1½ lžičky citronové šťávy a kůry
- 1 šálek půlek vlašských ořechů
- ¾ šálku ovesných vloček
- 1½ šálku vařených bílých fazolí
- ¼ šálku čerstvé petrželky a ¼ šálku čerstvého kopru

INSTRUKCE:
- V malé misce smíchejte mletý len a vodu.
- Osmahneme cibuli a přidáme česnek a oregano.
- Do pánve přidejte nutriční droždí, chilli, cibulový prášek, sůl a pepř a míchejte asi 30 sekund.
- Nalijte jejich citronovou šťávu.
- Rozdrťte vlašské ořechy, fazole a oves, dokud nezískáte hrubé jídlo.
- Přidejte směs lněného gelu, směs restované cibule a česneku, tamari, citronovou kůru, petržel, kopr a velké špetky soli a pepře.
- Srolujte do koule a karbanátky pečte 25 minut.

40. Sriracha Cizrnové karbanátky

SLOŽENÍ:
- 1 polévková lžíce moučky z lněných semínek
- 14-uncová plechovka cizrny, okapaná a propláchnutá
- 1 ½ šálku vařené farro
- ¼ šálku staromódního ovsa
- 2 stroužky česneku, prolisované
- 1 lžička jemně nastrouhaného kořene zázvoru
- ½ lžičky soli
- 1 lžíce horkého chilského sezamového oleje
- 1 lžíce sriracha

INSTRUKCE:
- Předehřejte troubu na 400 stupňů Fahrenheita. Plech vyložte fólií a dejte stranou.
- Smíchejte moučku z lněných semínek se 3 lžícemi vody; upřený pohled.
- Nechte 5 minut odpočinout.
- Vložte cizrnu, farro, oves, česnek, zázvor, sůl, sezamový olej a sriracha do mísy velkého kuchyňského robotu nebo mixéru.
- Vlijte zbývající lněné vejce a pulzujte, dokud se ingredience nespojí.
- Ze směsi vytvarujte kuličky po jedné lžíci a upečte.

41. Veganské houbové karbanátky

SLOŽENÍ:
- 1 lžíce mletého lněného semínka
- 3 polévkové lžíce vody
- 4 unce baby Bella houby
- ½ šálku nakrájené cibule
- 1 lžíce olivového oleje rozdělena
- ¼ lžičky soli
- 1 lžíce sójové omáčky
- 1 lžíce italského koření
- 1-uncová plechovka scezené cizrny
- 1 hrnek hladké strouhanky
- 1 polévková lžíce nutričního droždí

INSTRUKCE:
- Houby nakrájíme nahrubo a cibuli nakrájíme na kostičky.
- Na střední pánvi rozehřejte 1 lžíci olivového oleje na středně vysokou teplotu.
- Přidejte houby a cibuli a posypte ¼ lžičky soli.
- Dusíme 5 minut, nebo dokud houby nezměknou.
- Přidejte sójovou omáčku a italské koření a vařte ještě minutu.
- Smíchejte cizrnu, lněné vejce, strouhanku, nutriční droždí a restovanou cibuli a houby v kuchyňském robotu se standardním nástavcem s čepelí.
- Pulsujte, dokud se většinou nerozbije. Některé malé kousky cizrny nebo houby by měly stále existovat.
- Čistýma rukama vyválejte směs na karbanátky na 12 zhruba velkých pingpongových míčků.
- Pečte 30 minut v troubě vyhřáté na 350 stupňů.

42. Špagety se zeleninou a masovými kuličkami

SLOŽENÍ:
- 3 Cibule
- ½ libry Houby, nakrájené na plátky
- 4 polévkové lžíce Olivový olej
- 1 plechovka rajčat
- 1 plechovka Rajčatový protlak
- 1 Řapíkatý celer nakrájený
- 3 Mrkev nastrouhaná
- 6 polévkových lžic Máslo
- 3 Vejce rozšleháme
- 1½ šálku moučky Matzo
- 2 šálky vařeného zeleného hrášku
- 1 lžička soli
- ¼ lžičky pepře
- 1 libra Špagety, vařené
- Strouhaný veganský sýr

INSTRUKCE:
- Nakrájenou cibuli a houby opékejte na oleji 10 minut.
- Přidejte rajčata, rajčatový protlak a oregano.
- Přikryjte a vařte na mírném ohni 1 hodinu. Správné koření.
- Nakrájenou cibuli, celer a mrkev vařte na polovině másla 15 minut. Chladný.
- Přidejte vejce, 1 šálek matzo moučky, hrášek, sůl a pepř.
- Srolujte do malých kuliček a namáčejte ve zbývajícím macesu.
- ☑

43. Tempeh a cibulové karbanátky

SLOŽENÍ:
MASOVÉ KOULE
- ½ malé červené cibule, nakrájené
- 8 uncí tempehu, nakrájeného
- 3 stroužky česneku, nasekané
- 1 lžíce oleje, rozdělená
- 3 lžíce čistého, neslazeného veganského jogurtu
- ½ šálku strouhanky
- 1 lžička jemné mořské soli

SMĚS KOŘENÍ TANDOORI:
- 1½ lžičky papriky
- ½ lžičky koriandru
- ½ lžičky zázvoru
- ¼ lžičky kmínu
- ¼ lžičky kardamomu
- ¼ lžičky kurkumy
- ¼ lžičky garam masala
- ¼ lžičky cayenne

INSTRUKCE:
- Předehřejte troubu na 375 stupňů F (190 C) a vyložte plech pečicím papírem.
- V malé misce prošlehejte 8 ingrediencí , které tvoří směs koření. Dát stranou.
- Předehřejte velkou soté pánev na střední teplotu.
- Přidejte 1 lžičku oleje a cibuli a tempeh opékejte 5 až 7 minut nebo dokud tempeh nezezlátne.
- Posuňte tempeh a cibuli na jednu stranu pánve a přidejte zbývající 2 lžičky oleje na druhou stranu pánve.
- Přidejte česnek a směs koření přímo do oleje.
- Promícháme a poté spojíme s tempehem a cibulí.

- Za častého míchání vařte 1 minutu a stáhněte z ohně.
- Směs tempehu přendejte do kuchyňského robotu.
- Pulzujte 5krát nebo 6krát nebo dokud nejsou většinou nasekané a jednotné.
- Přidejte strouhanku, sůl a jogurt a zpracujte, dokud se dobře nespojí.
- K porcování masových kuliček použijte lžíci nebo malou naběračku na sušenky.
- Srolujte mezi dlaněmi a položte na vymazaný plech.
- Pečte 25 až 28 minut, v polovině otočte.

44. Čočkové a houbové karbanátky

SLOŽENÍ:

- 1 hrnek vařené čočky
- 1 šálek žampionů, jemně nakrájených
- 1/2 šálku strouhanky
- 1/4 šálku strouhaného parmazánu
- 1 malá cibule, nakrájená nadrobno
- 2 stroužky česneku, nasekané
- 1 lžíce nasekané čerstvé petrželky
- 1 lžička sušeného oregana
- Sůl a pepř na dochucení
- 1 vejce, rozšlehané

INSTRUKCE:

- Ve velké míse smíchejte všechny ingredience a dobře promíchejte.
- Ze směsi tvarujte malé karbanátky.
- Na pánvi na středním plameni rozehřejte trochu oleje.
- Masové kuličky vařte, dokud nezhnědnou a neprovaří, asi 10-12 minut.
- Podávejte s oblíbenou omáčkou nebo těstovinami.

45. Sladké brambory a masové kuličky z černých fazolí

SLOŽENÍ:

2 šálky šťouchaných sladkých brambor
1 šálek uvařených černých fazolí, scezených a propláchnutých
1/2 šálku strouhanky
1/4 šálku nakrájené zelené cibule
2 stroužky česneku, nasekané
1 lžička mletého kmínu
1/2 lžičky uzené papriky
Sůl a pepř na dochucení
1 vejce, rozšlehané

INSTRUKCE:

Ve velké míse smíchejte všechny ingredience a dobře promíchejte.

Ze směsi tvarujte karbanátky a dejte je na plech.

Pečte v předehřáté troubě na 375 °F (190 °C) po dobu 20-25 minut nebo dokud nezezlátnou a nebudou křupavé.

Podáváme s přílohou restované zeleniny nebo v sendviči.

46. Karfiolové a cizrnové karbanátky

SLOŽENÍ:

2 šálky růžičky květáku, dušené a nakrájené nadrobno
1 šálek uvařené cizrny, rozmačkané
1/2 šálku strouhanky
1/4 šálku strouhaného parmazánu
1 malá cibule, nakrájená nadrobno
2 stroužky česneku, nasekané
1 lžíce nasekaného čerstvého koriandru
1 lžička mletého kmínu
Sůl a pepř na dochucení
1 vejce, rozšlehané

INSTRUKCE:

Ve velké míse smíchejte všechny ingredience a dobře promíchejte.

Ze směsi tvarujte karbanátky a pokládejte je na vymazaný plech.

Pečte v předehřáté troubě na 375 °F (190 °C) po dobu 20-25 minut nebo do zlatohnědé.

Podávejte s oblíbenou omáčkou nebo jako zálivku do salátů.

47. Masové kuličky z cukety a quinoy

SLOŽENÍ:

2 šálky nastrouhané cukety
1 šálek vařené quinoa
1/2 šálku strouhanky
1/4 šálku strouhaného parmazánu
1 malá cibule, nakrájená nadrobno
2 stroužky česneku, nasekané
1 lžíce nasekané čerstvé bazalky
1 lžička sušeného oregana
Sůl a pepř na dochucení
1 vejce, rozšlehané

INSTRUKCE:

Nastrouhanou cuketu dejte do čisté kuchyňské utěrky a vymačkejte z ní přebytečnou vlhkost.

Ve velké míse smíchejte cuketu, quinou, strouhanku, parmazán, cibuli, česnek, bazalku, oregano, sůl, pepř a vejce. Dobře promíchejte.

Ze směsi tvarujte karbanátky a dejte je na plech.

Pečte v předehřáté troubě na 375 °F (190 °C) po dobu 20-25 minut nebo do zlatohnědé.

Podávejte s omáčkou marinara nebo si je vychutnejte v sendviči.

48. Špenát a feta masové kuličky

SLOŽENÍ:

2 šálky nakrájeného špenátu, uvařeného a scezeného
1 šálek rozdrobeného sýra feta
1/2 šálku strouhanky
1/4 šálku nasekaného čerstvého kopru
2 stroužky česneku, nasekané
1 malá cibule, nakrájená nadrobno
1/4 lžičky muškátového oříšku
Sůl a pepř na dochucení
1 vejce, rozšlehané

INSTRUKCE:

Ve velké míse smíchejte všechny ingredience a dobře promíchejte.

Ze směsi tvarujte karbanátky a dejte je na plech.

Pečte v předehřáté troubě na 375 °F (190 °C) po dobu 20-25 minut nebo do zlatohnědé.

Podávejte s omáčkou tzatziky a pita chlebem.

49. Brokolicové a čedarové karbanátky

SLOŽENÍ:

2 šálky najemno nakrájené růžičky brokolice, spařené a okapané
1 šálek strouhaného sýra čedar
1/2 šálku strouhanky
1/4 šálku strouhaného parmazánu
1 malá cibule, nakrájená nadrobno
2 stroužky česneku, nasekané
1 lžíce nasekané čerstvé petrželky
Sůl a pepř na dochucení
1 vejce, rozšlehané

INSTRUKCE:

Ve velké míse smíchejte všechny ingredience a dobře promíchejte.

Ze směsi tvarujte karbanátky a dejte je na plech.

Pečte v předehřáté troubě na 375 °F (190 °C) po dobu 20-25 minut nebo do zlatohnědé.

Podáváme s omáčkou marinara nebo jako přílohu.

50. Karotkové a cizrnové karbanátky

SLOŽENÍ:

2 šálky strouhané mrkve
1 šálek uvařené cizrny, rozmačkané
1/2 šálku strouhanky
1/4 šálku nasekané čerstvé petrželky
2 stroužky česneku, nasekané
1 malá cibule, nakrájená nadrobno
1 lžička mletého kmínu
1/2 lžičky mletého koriandru
Sůl a pepř na dochucení
1 vejce, rozšlehané

INSTRUKCE:

Ve velké míse smíchejte všechny ingredience a dobře promíchejte.

Ze směsi tvarujte karbanátky a pokládejte je na vymazaný plech.

Pečte v předehřáté troubě na 375 °F (190 °C) po dobu 20–25 minut nebo dokud nezezlátnou a nebudou křupavé.

Podávejte s jogurtovou omáčkou nebo s kuskusem.

51. Houbové a ořechové karbanátky

SLOŽENÍ:

2 šálky žampionů, jemně nakrájené
1 šálek vlašských ořechů, jemně nasekaných
1/2 šálku strouhanky
1/4 šálku strouhaného parmazánu
1 malá cibule, nakrájená nadrobno
2 stroužky česneku, nasekané
1 lžíce nasekaného čerstvého tymiánu
Sůl a pepř na dochucení
1 vejce, rozšlehané

INSTRUKCE:

Ve velké míse smíchejte všechny ingredience a dobře promíchejte.

Ze směsi tvarujte karbanátky a dejte je na plech.

Pečte v předehřáté troubě na 375 °F (190 °C) po dobu 20-25 minut nebo do zlatohnědé.

Podávejte se smetanovou houbovou omáčkou nebo přes těstoviny.

52. Masové kuličky z řepy a quinoy

SLOŽENÍ:

2 šálky nastrouhané řepy
1 šálek vařené quinoa
1/2 šálku strouhanky
1/4 šálku nasekané čerstvé petrželky
2 stroužky česneku, nasekané
1 malá cibule, nakrájená nadrobno
1 lžička mletého kmínu
Sůl a pepř na dochucení
1 vejce, rozšlehané

INSTRUKCE:

Ve velké míse smíchejte všechny ingredience a dobře promíchejte.

Ze směsi tvarujte karbanátky a dejte je na plech.

Pečte v předehřáté troubě na 375 °F (190 °C) po dobu 20–25 minut nebo dokud nezezlátnou a nebudou křupavé.

Podávejte s pikantní jogurtovou omáčkou nebo v salátu.

53. Quinoa a kukuřičné karbanátky

SLOŽENÍ:

2 šálky vařené quinoa
1 šálek kukuřičných zrn
1/2 šálku strouhanky
1/4 šálku strouhaného parmazánu
1 malá cibule, nakrájená nadrobno
2 stroužky česneku, nasekané
1 lžíce nasekaného čerstvého koriandru
1 lžička mletého kmínu
Sůl a pepř na dochucení
1 vejce, rozšlehané

INSTRUKCE:

Ve velké míse smíchejte všechny ingredience a dobře promíchejte.

Ze směsi tvarujte karbanátky a pokládejte je na vymazaný plech.

Pečte v předehřáté troubě na 375 °F (190 °C) po dobu 20-25 minut nebo do zlatohnědé.

Podáváme se salsou nebo jako náplň do tacos.

54. Masové kuličky z lilku a cizrny

SLOŽENÍ:

2 šálky vařeného lilku, rozmačkaného
1 šálek uvařené cizrny, rozmačkané
1/2 šálku strouhanky
1/4 šálku strouhaného parmazánu
1 malá cibule, nakrájená nadrobno
2 stroužky česneku, nasekané
1 lžíce nasekané čerstvé bazalky
1 lžička sušeného oregana
Sůl a pepř na dochucení
1 vejce, rozšlehané

INSTRUKCE:

Ve velké míse smíchejte všechny ingredience a dobře promíchejte.

Ze směsi tvarujte karbanátky a dejte je na plech.

Pečte v předehřáté troubě na 375 °F (190 °C) po dobu 20-25 minut nebo dokud nezezlátnou a nebudou křupavé.

Podávejte s omáčkou marinara a špagetami.

55. Bramborové a hráškové karbanátky

SLOŽENÍ:

2 šálky bramborové kaše
1 šálek vařeného hrášku
1/2 šálku strouhanky
1/4 šálku strouhaného parmazánu
1 malá cibule, nakrájená nadrobno
2 stroužky česneku, nasekané
1 lžíce nasekané čerstvé máty
Sůl a pepř na dochucení
1 vejce, rozšlehané

INSTRUKCE:

Ve velké míse smíchejte všechny ingredience a dobře promíchejte.

Ze směsi tvarujte karbanátky a pokládejte je na vymazaný plech.

Pečte v předehřáté troubě na 375 °F (190 °C) po dobu 20-25 minut nebo do zlatohnědé.

Podáváme s mátovou jogurtovou omáčkou nebo jako přílohu.

56. Masové kuličky z kukuřice a červené papriky

SLOŽENÍ:

2 šálky kukuřičných zrn
1 šálek pečené červené papriky, nakrájené
1/2 šálku strouhanky
1/4 šálku nasekaného čerstvého koriandru
2 stroužky česneku, nasekané
1 malá cibule, nakrájená nadrobno
1 lžička mletého kmínu
1/2 lžičky uzené papriky
Sůl a pepř na dochucení
1 vejce, rozšlehané

INSTRUKCE:

Ve velké míse smíchejte všechny ingredience a dobře promíchejte.

Ze směsi tvarujte karbanátky a dejte je na plech.

Pečte v předehřáté troubě na 375 °F (190 °C) po dobu 20-25 minut nebo do zlatohnědé.

Podávejte s chipotle mayo omáčkou nebo v wrapu.

57. Oříšková dýně a šalvějové masové kuličky

SLOŽENÍ:

2 šálky uvařené máslové dýně, rozmačkané
1 hrnek strouhanky
1/4 šálku strouhaného parmazánu
1 malá cibule, nakrájená nadrobno
2 stroužky česneku, nasekané
1 lžíce nasekané čerstvé šalvěje
Sůl a pepř na dochucení
1 vejce, rozšlehané

INSTRUKCE:

Ve velké míse smíchejte všechny ingredience a dobře promíchejte.

Ze směsi tvarujte karbanátky a pokládejte je na vymazaný plech.

Pečte v předehřáté troubě na 375 °F (190 °C) po dobu 20–25 minut nebo dokud nezezlátnou a nebudou křupavé.

Podávejte se smetanovou omáčkou Alfredo nebo jako příloha.

58. Kapusta a bílé fazolové karbanátky

SLOŽENÍ:

2 šálky nakrájené kapusty, blanšírované a okapané
1 šálek vařených bílých fazolí, rozmačkaných
1/2 šálku strouhanky
1/4 šálku nasekané čerstvé petrželky
2 stroužky česneku, nasekané
1 malá cibule, nakrájená nadrobno
1 lžička sušeného oregana
Sůl a pepř na dochucení
1 vejce, rozšlehané

INSTRUKCE:

Ve velké míse smíchejte všechny ingredience a dobře promíchejte.
Ze směsi tvarujte karbanátky a dejte je na plech.
Pečte v předehřáté troubě na 375 °F (190 °C) po dobu 20-25 minut nebo do zlatohnědé.
Podáváme s omáčkou marinara nebo v wrapu.

59. Quinoa a špenátové karbanátky

SLOŽENÍ:

2 šálky vařené quinoa
1 šálek nakrájeného špenátu
1/2 šálku strouhanky
1/4 šálku strouhaného parmazánu
1 malá cibule, nakrájená nadrobno
2 stroužky česneku, nasekané
1 lžíce nasekané čerstvé bazalky
Sůl a pepř na dochucení
1 vejce, rozšlehané

INSTRUKCE:

Ve velké míse smíchejte všechny ingredience a dobře promíchejte.

Ze směsi tvarujte karbanátky a pokládejte je na vymazaný plech.

Pečte v předehřáté troubě na 375 °F (190 °C) po dobu 20-25 minut nebo do zlatohnědé.

Podávejte s omáčkou marinara nebo na lůžku se špagetami.

60. Karfiolové a quinoa masové kuličky

SLOŽENÍ:
2 šálky nadrobno nakrájených růžic květáku, spařených a okapaných
1 šálek vařené quinoa
1/2 šálku strouhanky
1/4 šálku strouhaného parmazánu
1 malá cibule, nakrájená nadrobno
2 stroužky česneku, nasekané
1 lžíce nasekané čerstvé petrželky
Sůl a pepř na dochucení
1 vejce, rozšlehané

INSTRUKCE:

Ve velké míse smíchejte všechny ingredience a dobře promíchejte.

Ze směsi tvarujte karbanátky a pokládejte je na vymazaný plech.

Pečte v předehřáté troubě na 375 °F (190 °C) po dobu 20-25 minut nebo do zlatohnědé.

Podávejte s oblíbenou omáčkou nebo jako vegetariánskou sendvičovou náplň.

61.Cizrnové a špenátové karbanátky

SLOŽENÍ:

2 šálky uvařené cizrny, rozmačkané
1 šálek nakrájeného špenátu
1/2 šálku strouhanky
1/4 šálku strouhaného parmazánu
1 malá cibule, nakrájená nadrobno
2 stroužky česneku, nasekané
1 lžíce nasekaného čerstvého koriandru
1 lžička mletého kmínu
Sůl a pepř na dochucení
1 vejce, rozšlehané

INSTRUKCE:

Ve velké míse smíchejte všechny ingredience a dobře promíchejte.

Ze směsi tvarujte karbanátky a pokládejte je na vymazaný plech.

Pečte v předehřáté troubě na 375 °F (190 °C) po dobu 20–25 minut nebo dokud nezezlátnou a nebudou křupavé.

Podávejte s omáčkou na bázi jogurtu nebo v pita kapse.

62. Sladké brambory a cizrnové karbanátky

SLOŽENÍ:

2 šálky šťouchaných sladkých brambor
1 šálek uvařené cizrny, rozmačkané
1/2 šálku strouhanky
1/4 šálku nasekaného čerstvého koriandru
2 stroužky česneku, nasekané
1 malá cibule, nakrájená nadrobno
1 lžička mletého kmínu
1/2 lžičky uzené papriky
Sůl a pepř na dochucení
1 vejce, rozšlehané

INSTRUKCE:

Ve velké míse smíchejte všechny ingredience a dobře promíchejte.

Ze směsi tvarujte karbanátky a dejte je na plech.

Pečte v předehřáté troubě na 375 °F (190 °C) po dobu 20-25 minut nebo do zlatohnědé.

Podáváme s pikantní omáčkou nebo v wrapu s čerstvou zeleninou.

63. Houbové a čočkové karbanátky

SLOŽENÍ:

2 šálky jemně nakrájených hub
1 hrnek vařené čočky
1/2 šálku strouhanky
1/4 šálku strouhaného parmazánu
1 malá cibule, nakrájená nadrobno
2 stroužky česneku, nasekané
1 lžíce nasekaného čerstvého tymiánu
Sůl a pepř na dochucení
1 vejce, rozšlehané

INSTRUKCE:

Ve velké míse smíchejte všechny ingredience a dobře promíchejte.

Ze směsi tvarujte karbanátky a dejte je na plech.

Pečte v předehřáté troubě na 375 °F (190 °C) po dobu 20–25 minut nebo dokud nezhnědnou a nepropečou.

Podáváme se smetanovou houbovou omáčkou nebo jako příloha.

64. Karotkové a cuketové karbanátky

SLOŽENÍ:

1 šálek strouhané mrkve
1 hrnek nastrouhané cukety
1/2 šálku strouhanky
1/4 šálku strouhaného parmazánu
1 malá cibule, nakrájená nadrobno
2 stroužky česneku, nasekané
1 lžíce nasekané čerstvé petrželky
Sůl a pepř na dochucení
1 vejce, rozšlehané

INSTRUKCE:

Ve velké míse smíchejte všechny ingredience a dobře promíchejte.

Ze směsi tvarujte karbanátky a dejte je na plech.

Pečte v předehřáté troubě na 375 °F (190 °C) po dobu 20-25 minut nebo do zlatohnědé.

Podáváme s omáčkou marinara nebo v zeleninové restování.

65. Quinoa a houbové karbanátky

SLOŽENÍ:

2 šálky vařené quinoa
1 šálek jemně nakrájených hub
1/2 šálku strouhanky
1/4 šálku strouhaného parmazánu
1 malá cibule, nakrájená nadrobno
2 stroužky česneku, nasekané
1 lžíce nasekaného čerstvého rozmarýnu
Sůl a pepř na dochucení
1 vejce, rozšlehané

INSTRUKCE:

Ve velké míse smíchejte všechny ingredience a dobře promíchejte.

Ze směsi tvarujte karbanátky a dejte je na plech.

Pečte v předehřáté troubě na 375 °F (190 °C) po dobu 20–25 minut nebo dokud nezezlátnou a nebudou křupavé.

Podáváme s houbovou omáčkou nebo jako zálivku do misek s quinou.

66.Černé fazole a kukuřičné karbanátky

SLOŽENÍ:

1 šálek vařených černých fazolí, rozmačkaných
1 šálek kukuřičných zrn
1/2 šálku strouhanky
1/4 šálku nasekaného čerstvého koriandru
1 malá cibule, nakrájená nadrobno
2 stroužky česneku, nasekané
1 lžička mletého kmínu
1/2 lžičky chilli prášek
Sůl a pepř na dochucení
1 vejce, rozšlehané

INSTRUKCE:

Ve velké míse smíchejte všechny ingredience a dobře promíchejte.

Ze směsi tvarujte karbanátky a dejte je na plech.

Pečte v předehřáté troubě na 375 °F (190 °C) po dobu 20-25 minut nebo do zlatohnědé.

Podávejte s pikantní avokádovou salsou nebo v míse s obilím inspirovaným Mexikem.

67. Brokolicové a čedarové sýrové karbanátky

SLOŽENÍ:

2 šálky najemno nakrájené růžičky brokolice, spařené a okapané
1 šálek strouhaného sýra čedar
1/2 šálku strouhanky
1/4 šálku strouhaného parmazánu
1 malá cibule, nakrájená nadrobno
2 stroužky česneku, nasekané
1 lžíce nasekané čerstvé petrželky
Sůl a pepř na dochucení
1 vejce, rozšlehané

INSTRUKCE:

Ve velké míse smíchejte všechny ingredience a dobře promíchejte.

Ze směsi tvarujte karbanátky a dejte je na plech.

Pečte v předehřáté troubě na 375 °F (190 °C) po dobu 20-25 minut nebo do zlatohnědé.

Podáváme s omáčkou marinara nebo jako přílohu.

68. Karfiolové a sýrové karbanátky

SLOŽENÍ:

2 šálky nadrobno nakrájených růžic květáku, spařených a okapaných
1 hrnek strouhanky
1/2 šálku strouhaného parmazánu
1 malá cibule, nakrájená nadrobno
2 stroužky česneku, nasekané
1 lžíce nasekaného čerstvého tymiánu
Sůl a pepř na dochucení
1 vejce, rozšlehané

INSTRUKCE:

Ve velké míse smíchejte všechny ingredience a dobře promíchejte.
Ze směsi tvarujte karbanátky a dejte je na plech.
Pečte v předehřáté troubě na 375 °F (190 °C) po dobu 20-25 minut nebo do zlatohnědé.
Podávejte se smetanovou sýrovou omáčkou nebo jako vegetariánský předkrm.

69. Houbové a ořechové masové kuličky s rozmarýnem

SLOŽENÍ:

2 šálky jemně nakrájených hub
1 šálek vlašských ořechů, jemně nasekaných
1/2 šálku strouhanky
1/4 šálku strouhaného parmazánu
1 malá cibule, nakrájená nadrobno
2 stroužky česneku, nasekané
1 lžíce nasekaného čerstvého rozmarýnu
Sůl a pepř na dochucení
1 vejce, rozšlehané

INSTRUKCE:

Ve velké míse smíchejte všechny ingredience a dobře promíchejte.
Ze směsi tvarujte karbanátky a dejte je na plech.
Pečte v předehřáté troubě na 375 °F (190 °C) po dobu 20-25 minut nebo do zlatohnědé.
Podáváme se smetanovou houbovou omáčkou nebo jako přílohu s restovanou zeleninou.

ZELENINOVÉ PIRÁČKY

70. Burgery z červené řepy s rukolou

SLOŽENÍ:
- 15 uncí světle červených ledvinových fazolí může
- 2 ½ polévkové lžíce extra panenského olivového oleje
- 2 ½ *unce* Cremini houby
- 1 červená cibule
- ½ šálku vařené hnědé rýže
- ¾ šálku řepy Raw
- 1/3 šálku konopných semínek
- 1 lžička mletého černého pepře
- ½ lžičky mořské soli
- ½ lžičky mletého koriandru
- ½ lžičky worcesterské omáčky
- 1 veganská vaječná náhražka
- 4 šálky Bio dětské rukoly
- 2 lžičky bílého balzamikového octa

INSTRUKCE:
- Předehřejte troubu na 375 °F. Fazole dobře rozmačkejte v míse a dejte stranou.
- Zahřejte 1 polévkovou lžíci oleje na nepřilnavé pánvi na středním stupni.
- Přidejte houby a tři čtvrtiny cibule a restujte do změknutí, asi 8 minut.
- Zeleninovou směs přendejte do mixovací nádoby s fazolemi. Míchejte rýži, červenou řepu, konopná semínka, pepř, sůl, koriandr a worcesterskou omáčku, dokud se nespojí.
- Přidejte veganskou vaječnou náhražku a míchejte, dokud se dobře nespojí.

- Ze směsi utvořte čtyři kuličky a dejte na nebělený plech vyložený pečicím papírem. Rozplácněte konečky prstů na čtyři placičky.
- Vršek placiček lehce potřete konečky prstů ½ lžíce oleje.
- Pečte 1 hodinu. Každý burger velmi jemně otočte a pečte, dokud nebude křupavý, pevný a zhnědlý, ještě asi 20 minut.
- Nechte alespoň 5 minut na dokončení procesu vaření.
- Rukolu smíchejte s octem a zbylou 1 lžící oleje a položte na každý burger.
- Posypeme zbylou cibulí a podáváme.

71. Pekanovo-čočkové placičky

SLOŽENÍ:

- 1 1/2 hrnku vařené hnědé čočky
- 1/2 šálku mletých pekanových ořechů
- 1/2 šálku staromódního ovsa
- 1/4 šálku suché nekořeněné panko
- 1/4 šálku pšeničné lepkové mouky
- 1/2 šálku mleté cibule
- 1/4 šálku mleté čerstvé petrželky
- 1 lžička dijonské hořčice
- 1/2 lžičky soli
- 1/8 lžičky čerstvě mletého pepře
- 2 lžíce olivového oleje
- Listy salátu, nakrájené rajče, nakrájená červená cibule a koření dle výběru

INSTRUKCE:

- V kuchyňském robotu smíchejte čočku, pekanové ořechy, oves, panko , mouku, cibuli, petržel, hořčici, sůl a pepř.
- Puls se spojí a zanechá nějakou texturu.
- Z čočkové směsi vytvarujte 4 až 6 burgerů.
- V pánvi rozehřejte olej na přehřátí.
- Přidejte hamburgery a vařte dozlatova, asi 5 minut z každé strany.
- Burgery podávejte s hlávkovým salátem, plátky rajčat, cibulí a kořením dle vlastního výběru.

72.Burgery z černých fazolí

SLOŽENÍ:

- 3 lžíce olivového oleje
- 1/2 šálku mleté cibule
- 1 stroužek česneku, nasekaný
- 1 1/2 šálků černých fazolí
- 1 lžíce nasekané čerstvé petrželky
- 1/2 šálku suché nekořeněné panko
- 1/4 šálku pšeničné lepkové mouky
- 1 lžička uzené papriky
- 1/2 lžičky sušeného tymiánu
- Sůl a čerstvě mletý černý pepř
- 4 listy salátu
- 1 zralé rajče, nakrájené na 1/4-palcové plátky

INSTRUKCE:

- Na pánvi rozehřejeme 1 lžíci oleje a přehřejeme. Přidejte cibuli a česnek a vařte do změknutí, asi 5 minut.
- Přeneste cibulovou směs do kuchyňského robotu. Přidejte fazole, petržel, panko , mouku, papriku, tymián a podle chuti osolte a opepřete. Zpracujte, dokud se dobře nespojí, zanechá nějakou texturu. Ze směsi vytvarujte 4 stejné placičky a dejte na 20 minut do lednice.
- Na pánvi rozehřejte zbývající 2 lžíce oleje. Přidejte hamburgery a opékejte, dokud z obou stran nezhnědnou, jednou otočte, asi 5 minut z každé strany.
- Burgery podávejte s plátky salátu a rajčat.

73. Ovesná a zeleninová placka

SLOŽENÍ:

- 2 polévkové lžíce plus 1 lžička olivového oleje
- 1 cibule, nakrájená
- 1 mrkev, nastrouhaná
- 1 šálek nesolených smíšených ořechů
- 1/4 šálku pšeničné lepkové mouky
- 1/2 šálku staromódního ovsa, plus více v případě potřeby
- 2 lžíce krémového arašídového másla
- 2 lžíce nasekané čerstvé petrželky
- 1/2 lžičky soli
- 1/4 lžičky čerstvě mletého černého pepře
- 4 listy salátu
- 1 zralé rajče, nakrájené na 1/4-palcové plátky

INSTRUKCE:

- Na pánvi rozehřejte 1 lžičku oleje. Přidejte cibuli a vařte do měkka, asi 5 minut. Vmícháme mrkev a dáme stranou.
- V kuchyňském robotu rozdrťte ořechy, dokud nejsou nasekané.
- Přidejte směs cibule a mrkve spolu s moukou, ovesem, arašídovým máslem, petrželkou, solí a pepřem. Zpracujte, dokud se dobře nepromíchá.
- Ze směsi vytvarujte 4 stejné placičky o průměru asi 4 palce.
- Na pánvi rozehřejte zbývající 2 lžíce oleje, přidejte hamburgery a opékejte je z obou stran do hněda, asi 5 minut z každé strany.
- Burgery podávejte s plátky salátu a rajčat.

74. Placky z bílých fazolí a ořechů

SLOŽENÍ:

- 1/4 šálku nakrájené cibule
- 1 stroužek česneku, rozdrcený
- 1 hrnek kousky vlašských ořechů
- 1 šálek konzervovaných nebo vařených bílých fazolí
- 1 hrnek pšeničné lepkové mouky
- 2 lžíce nasekané čerstvé petrželky
- 1 lžíce sójové omáčky
- 1 lžička dijonské hořčice plus další k podávání
- 1/2 lžičky soli
- 1/2 lžičky mleté šalvěje
- 1/2 lžičky sladké papriky
- 1/4 lžičky kurkumy
- 1/4 lžičky čerstvě mletého černého pepře
- 2 lžíce olivového oleje
- Listy salátu a nakrájená rajčata

INSTRUKCE:

- V kuchyňském robotu smíchejte cibuli, česnek a vlašské ořechy a zpracujte, dokud nebude jemně mletá.
- Fazole vařte na pánvi za míchání 1 až 2 minuty, aby se odpařila veškerá vlhkost.
- Přidejte fazole do kuchyňského robotu spolu s moukou, petrželkou, sójovou omáčkou, hořčicí, solí, šalvějí, paprikou, kurkumou a pepřem.
- Zpracujte, dokud se dobře nepromíchá. Ze směsi vytvarujte 4 stejné placičky.
- V pánvi rozehřejte olej na přehřátí.
- Přidejte placičky a opékejte do zhnědnutí z obou stran, asi 5 minut z každé strany.
- Podáváme s hlávkovým salátem a nakrájenými rajčaty.

75.Garbanzo fazolové burgery

SLOŽENÍ:

- 2 šálky Rozmačkané fazole garbanzo
- Každý 1 stonek celeru, nakrájený najemno
- 1 každá mrkev, jemně nakrájená
- ¼ cibule, nasekaná
- ¼ šálku celozrnné mouky
- Sůl a pepř na dochucení
- 2 lžičky oleje

INSTRUKCE:

- Ingredience (kromě oleje) smícháme v míse. Vytvarujte 6 plochých placiček.
- Smažte na pánvi vymazané olejem na středně vysoké teplotě, dokud burgery nejsou z každé strany zlatavě hnědé.

76. Bulgur Čočková zeleninová placička

SLOŽENÍ:

- 2 šálky vařené čočky
- 1 šálek uzených hub Portobello,
- 1 šálek pšenice Bulgur
- 2 stroužky pečeného česneku,
- 1 lžíce worcesteru
- 2 lžíce ořechového oleje
- $\frac{1}{4}$ lžičky estragonu, mletého
- Sůl a pepř na dochucení

INSTRUKCE:

- Připravte si gril na dřevo nebo dřevěné uhlí a nechte jej dohořet na uhlíky.
- V míse rozmačkejte čočku do hladka.
- Přidejte všechny ingredience a míchejte, dokud se důkladně nespojí.
- Dejte do lednice alespoň na 2 hodiny. Zformujte do hamburgerů.
- Burgery potřete olivovým olejem a grilujte 6 minut z každé strany nebo dokud nebudou hotové.
- Podávejte horké s oblíbeným kořením.

77. Houbová tofu placička

SLOŽENÍ:
- ½ šálku ovesných vloček
- 1¼ šálku hrubě nasekaných mandlí
- 1 lžíce olivového nebo řepkového oleje
- ½ šálku nakrájené zelené cibule
- 2 lžičky mletého česneku
- 1½ šálku nakrájeného Cremini
- ½ šálku vařené hnědé basmati
- ⅓ šálku veganského sýru čedar
- ⅔ šálku Rozmačkané pevné tofu
- 1 veganská vaječná náhražka
- 3 lžíce nasekané petrželky
- ½ šálku suché panko
- 6 plátků Čerstvá mozzarella, je-li to žádoucí

INSTRUKCE:
- Na pánvi rozehřejte olej a orestujte na něm cibuli, česnek a houby, dokud nezměknou.
- Přidejte ovesné vločky a za stálého míchání vařte další 2 minuty.
- Smíchejte cibulovou směs s rýží, veganským sýrem, tofu a veganskou náhražkou vajec.
- Petržel, panko a mandle a promíchejte, aby se spojily. Dochutíme solí a pepřem.
- Vytvarujte 6 placiček a orestujte nebo opékejte dozlatova a zvenku křupavé.
- Navrch dejte plátek čerstvé mozzarelly a čerstvou salsu.

78. Čočková, hrášková a mrkvová placička

SLOŽENÍ:

- ½ nakrájené cibule
- ½ šálku vařené zelené čočky
- ⅓ šálku vařeného hrášku
- 1 strouhaná mrkev
- 1 lžíce nasekané čerstvé petrželky
- 1 lžička Tamari
- 2 šálky panko
- ¼ šálku mouky
- 1 veganská vaječná náhražka

INSTRUKCE:

- Cibuli orestujte do měkka Smíchejte všechny ingredience kromě mouky a nechte vychladnout Ze směsi vytvořte placičky a opékejte na pánvi.
- Zelená čočka se ze suchého vaří asi hodinu, ale dobře se mrazí, takže si z ní udělejte velký svazek najednou.

79. Rychlé zeleninové placičky

SLOŽENÍ:
- 10 uncí Zelenina, míchaná, mražená
- 1 veganská vaječná náhražka
- špetka Sůl a pepř
- ½ šálku žampionů, čerstvých, nakrájených
- ½ šálku panko
- 1 cibule, nakrájená na plátky

INSTRUKCE:
- Předehřejte troubu na 350 stupňů.
- Zeleninu vařte v páře, dokud nezměkne
- Dejte stranou vychladnout.
- Podušenou zeleninu nakrájíme nadrobno a smícháme s veganským vejcem, solí, pepřem, houbami a panko .
- Ze směsi vytvarujte placičky.
- Placičky s plátky cibule pokládejte na lehce olejem vymazaný plech.
- Pečte, jednou otočte, dokud nebude z obou stran hnědá a křupavá, asi 45 minut.

80. Tex-Mex zeleninová placička

SLOŽENÍ:
- 15¼ unce Konzervovaná celá kukuřice
- ½ šálku tekutiny vyhrazeno
- ½ šálku kukuřičné mouky
- ½ šálku cibule, jemně nakrájené
- ⅓ šálku červené papriky, jemně nasekané
- ½ lžičky Limetkové kůry, nastrouhané
- ¼ šálku vařené bílé rýže
- 3 lžíce čerstvého koriandru, nasekaného
- 4 lžičky chilli papričky Jalapeno
- ½ lžičky mletého kmínu
- 4 tortilly z odtučněné mouky, 9 až 10 palců
- 8 lžic světlé zakysané smetany
- 8 lžic zakoupené salsy

INSTRUKCE:
- Smíchejte ½ šálku kukuřičných zrn a 1 polévkovou lžíci kukuřičné mouky v procesoru, dokud se nevytvoří vlhké hrudky. Přidejte ¾ šálku kukuřičných zrn a zpracujte 10 sekund
- Přeneste kukuřičnou směs do těžké nepřilnavé pánve. Přidejte ½ šálku kukuřičné tekutiny, cibuli, papriku a limetkovou kůru. Přikryjte a vařte na velmi mírném ohni, dokud nezhoustne a neztuhne, často míchejte 12 minut. Smíchejte rýži, koriandr, jalapeño, sůl a kmín. Pokapejte ¼ směsi na každý ze 4 kusů fólie a roztlačte kousky na 3/4 palce tlusté placičky.
- Připravte grilování. Postříkejte obě strany hamburgerů nepřilnavým sprejem a grilujte dokřupava, asi 5 minut na každou stranu. Tortilly grilujte, dokud nebudou pružné, asi 30 sekund z každé strany

81. Fazolové placičky

SLOŽENÍ:

- 2 unce vařených smíšených fazolí
- 1 cibule, nakrájená nadrobno
- 1 mrkev, jemně nastrouhaná
- 1 lžička rostlinného extraktu
- 1 lžička Sušené smíšené bylinky
- 1 unce celozrnné panko

INSTRUKCE:

- Všechny ingredience rozmixujte v kuchyňském robotu nebo mixéru téměř do hladka.
- Vytvarujte 4 silné burgery a dobře vychlaďte.
- Potřete olejem a grilujte nebo grilujte asi 15 minut, jednou nebo dvakrát otočte.
- Podávejte v sezamových řízcích s pochutinou, salátem a obrovskými hranolky!

82. Cibule Oves Placičky

SLOŽENÍ:

- 4 šálky vody
- ½ šálku sójové omáčky se sníženým obsahem soli
- ½ šálku nutričního droždí
- 1 cibule nakrájená na kostičky
- 1 lžíce oregana
- ½ lžíce česnekového prášku
- 1 lžíce sušené bazalky
- 4½ šálků staromódního ovsa

INSTRUKCE:

- Všechny ingredience kromě ovsa přiveďte k varu.
- Snižte teplotu a vmíchejte 4 ½ šálků ovesných vloček.
- Vařte asi 5 minut, dokud se voda nevstřebá.
- Směsí naplňte obdélníkový nepřilnavý pekáč
- Pečte při 350 F. po dobu 25 minut. Poté obří burger nakrájejte na 4" čtvercové hamburgery a otočte je.
- Vařte dalších 20 minut.
- Podáváme jako hlavní chod, teplé nebo studené.

83. Placka z lesních hub

SLOŽENÍ:
- 2 lžičky olivového oleje
- 1 Žlutá cibule, nakrájená nadrobno
- 2 šalotky, oloupané a nasekané
- $\frac{1}{8}$ lžičky soli
- 1 šálek suchých hub shiitake
- 2 šálky Portobello houby
- 1 balení tofu
- ⅓ šálku opečené pšeničné klíčky
- ⅓ šálku panko
- 2 lžíce světlé sojové omáčky
- 2 lžíce worcesterské omáčky
- 1 lžička Tekuté kouřové aroma
- $\frac{1}{2}$ lžičky granulovaného česneku
- $\frac{3}{4}$ šálku ovsa na rychlé vaření

INSTRUKCE:
- Na olivovém oleji orestujte cibuli, šalotku a sůl asi 5 minut.
- Změklé houby shiitake odstopněte a nasekejte je s čerstvými houbami v kuchyňském robotu. Přidejte dvě cibule.
- Vařte 10 minut, občas promíchejte, aby se nepřilepily.
- Houby smícháme s rozmačkaným tofu, přidáme zbylé ingredience a dobře promícháme.
- Navlhčete ruce, aby se nelepily a nevytvářely placičky.
- Pečte 25 minut, po 15 minutách jednou otočte.

84. Tofu Tahini vegetariánské placičky

SLOŽENÍ:

- 1 libra pevného tofu, okapané
- 1½ šálku syrových ovesných vloček
- ½ šálku strouhané mrkve
- 1 Nakrájená orestovaná cibule
- 1 polévková lžíce Tahini, více či méně
- 2 lžíce worcesterské omáčky
- 1 lžíce sójové omáčky

INSTRUKCE:

- Přidejte směs vybraného koření a bylinek.
- Na plechu tvarujte placičky.
- Pečte na 350 20 minut, otočte je a pečte dalších 10 minut.

85. Grily na černé fazole a arašídy

SLOŽENÍ:

- 1 šálek TVP granulí
- 1 šálek vody
- 1 lžíce sójové omáčky
- 15-uncová plechovka černých fazolí
- ½ šálku vitální pšeničné lepkové mouky
- ¼ šálku barbecue omáčky
- 1 lžíce tekutého kouře
- ½ lžičky černého pepře
- 2 lžíce arašídového másla

INSTRUKCE:

- Rekonstituujte TVP smícháním s vodou a sójovou omáčkou v misce vhodné do mikrovlnné trouby, těsně přikryjte plastovou fólií a 5 minut dejte do mikrovlnné trouby na vysoký výkon.
- Přidejte fazole, pšeničný lepek, barbecue omáčku, tekutý kouř, pepř a arašídové máslo do rekonstituovaného TVP, jakmile je dostatečně vychladlý, aby se dal zvládnout.
- Rozmačkejte ji rukama, dokud nebude jednotná a většina fazolí není rozmačkaná.
- Vytvarujte na 6 placiček.
- Grilujte tato miminka na grilu, potírejte je další barbecue omáčkou, asi 5 minut z každé strany.

86. placičky z ovsa a celeru

SLOŽENÍ:
- 1 šálek konzervovaných máslových fazolí
- ¾ šálku bulguru, vařené
- ¾ šálku ječmene, vařené
- ½ šálku rychlých ovesných vloček, nevařených
- 1½ lžíce sójové omáčky
- 2 lžíce barbecue omáčky
- 1 lžička sušené bazalky
- ½ šálku cibule, jemně nakrájené
- 1 stroužek česneku, jemně nasekaný
- 1 řapíkatý celer, nakrájený
- 1 lžička soli
- Pepper dva klíče

INSTRUKCE:
- Vidličkou nebo šťouchadlem na brambory fazole jen mírně rozmačkejte. Měly by být tlusté, ne pyré. Přidejte zbytek ingrediencí a vytvořte 6 placiček.
- Pánev potřeme olejem a hnědými placičkami z obou stran.

87. Tempeh a cibulové placičky

SLOŽENÍ:
- 8 uncí tempehu, nakrájeného na 1/2-palcové kostky
- ¾ šálku nakrájené cibule
- 2 stroužky česneku, nakrájené
- ¾ šálku nasekaných vlašských ořechů
- 1/2 šálku staromódního nebo rychle uvařeného ovsa
- 1 lžíce nasekané čerstvé petrželky
- 1/2 lžičky sušeného oregana
- 1/2 lžičky sušeného tymiánu
- 1/2 lžičky soli
- 1/4 lžičky čerstvě mletého černého pepře
- 3 lžíce olivového oleje
- dijonská hořčice
- Nakrájená červená cibule, rajče, salát a avokádo

INSTRUKCE:
- V hrnci s vařící vodou vaříme tempeh 30 minut. Scedíme a necháme vychladnout.
- V kuchyňském robotu smíchejte cibuli a česnek a zpracujte, dokud nebude mletá. Přidejte vychladlý tempeh, vlašské ořechy, oves, petržel, oregano, tymián, sůl a pepř. Zpracujte, dokud se dobře nepromíchá. Ze směsi vytvarujte 4 stejné placičky.
- V pánvi rozehřejte olej na přehřátí. Přidejte hamburgery a vařte, dokud nejsou důkladně uvařené a zhnědlé na obou stranách, asi 7 minut z každé strany.
- Sestavte hamburgery s kapkou hořčice a hlávkovým salátem, rajčaty, červenou cibulí a avokádem.

88. Směs fazolových a ovesných placiček

SLOŽENÍ:

- 1 lžíce olivového oleje
- 1 cibule, nakrájená
- 4 stroužky česneku, nasekané
- 1 mrkev, nakrájená
- 1 lžička mletého kmínu
- 1 lžička chilli prášku
- Pepper dva klíče
- 15 *uncí* pinto fazolí, opláchnutých, scezených a rozmačkaných
- 15 *uncí* černých fazolí, opláchnutých, scezených a rozmačkaných
- 1 lžíce kečupu
- 2 lžíce dijonské hořčice
- 2 lžíce sójové omáčky
- 1 ½ šálku ovesných vloček
- ½ šálku salsy
- 8 listů salátu

INSTRUKCE:

- Přidejte olivový olej do pánve nad ohněm.
- Cibuli vařte 2 minuty za častého míchání.
- Vmícháme česnek. Poté vařte 1 minutu.
- Přidejte mrkev, mletý kmín a chilli prášek.
- Vařte za stálého míchání 2 minuty.
- Mrkvovou směs přendejte do misky.
- Vmíchejte rozmačkané fazole, kečup, hořčici, sójovou omáčku a oves.
- Vytvarujte placičky.
- Placičky grilujte 4 až 5 minut z každé strany.
- Podávejte se salsou a hlávkovým salátem.

89. Tempeh a ořechové placičky

SLOŽENÍ:

- 8 uncí tempehu, nakrájeného na 1/2-palcové kostky
- ¾ šálku nakrájené cibule
- 2 stroužky česneku, nakrájené
- ¾ šálku nasekaných vlašských ořechů
- 1/2 šálku staromódního nebo rychle uvařeného ovsa
- 1 lžíce nasekané čerstvé petrželky
- 1/2 lžičky sušeného oregana
- 1/2 lžičky sušeného tymiánu
- 1/2 lžičky soli
- 1/4 lžičky čerstvě mletého černého pepře
- 3 lžíce olivového oleje
- dijonská hořčice
- Nakrájená červená cibule, rajče, salát a avokádo

INSTRUKCE:

- V hrnci s vařící vodou vaříme tempeh 30 minut. Scedíme a necháme vychladnout.
- V kuchyňském robotu smíchejte cibuli a česnek a zpracujte, dokud nebude mletá. Přidejte vychladlý tempeh, vlašské ořechy, oves, petržel, oregano, tymián, sůl a pepř. Zpracujte, dokud se dobře nepromíchá. Ze směsi vytvarujte 4 stejné placičky.
- V pánvi rozehřejte olej na přehřátí. Přidejte hamburgery a vařte, dokud nejsou důkladně uvařené a zhnědlé na obou stranách, asi 7 minut z každé strany.
- Sestavte burgery s pomazánkou z hořčice a naplňte hlávkovým salátem, rajčaty, červenou cibulí a avokádem.

90. Makadamiové-kešu placičky

SLOŽENÍ:

- 1 šálek nasekaných makadamových ořechů
- 1 šálek nakrájených kešu oříšků
- 1 mrkev, nastrouhaná
- 1 cibule, nakrájená
- 1 stroužek česneku, nasekaný
- 1 jalapeño nebo jiné zelené chilli, zbavené semínek a nasekané
- 1 šálek staromódního ovsa
- 1 hrnek suché nekořeněné mandlové mouky
- 2 lžíce mletého čerstvého koriandru
- 1/2 lžičky mletého koriandru
- Sůl a čerstvě mletý černý pepř
- 2 lžičky čerstvé limetkové šťávy
- Řepkový nebo hroznový olej na smažení
- Listy salátu a koření dle výběru

INSTRUKCE:

- V kuchyňském robotu smíchejte makadamové ořechy, kešu, mrkev, cibuli, česnek, chilli, oves, mandlovou mouku, koriandr, koriandr a podle chuti sůl a pepř.
- Zpracujte, dokud se dobře nepromíchá. Přidejte limetkovou šťávu a zpracujte, dokud se dobře nespojí. Ochutnejte, v případě potřeby upravte koření. Ze směsi vytvarujte 4 stejné placičky.
- V pánvi rozehřejte tenkou vrstvu oleje na přehřátí. Přidejte placičky a opékejte dozlatova z obou stran, celkem jednou otočte asi 10 minut.
- Podávejte s hlávkovým salátem a kořením dle výběru.

91. Zlaté cizrnové burgery

SLOŽENÍ:

- 2 lžíce olivového oleje
- 1 žlutá cibule, nakrájená
- 1/2 žluté papriky, nakrájené
- 1 1/2 šálků vařené cizrny
- 3/4 lžičky soli
- 1/4 lžičky čerstvě mletého černého pepře
- 1/4 šálku pšeničné lepkové mouky
- Koření dle výběru

INSTRUKCE:

- Na pánvi rozehřejeme 1 lžíci oleje a přehřejeme. Přidejte cibuli a pepř a vařte do změknutí, asi 5 minut. Dejte stranou mírně vychladnout.
- Vychladlou cibulovou směs přendejte do kuchyňského robotu. Přidejte cizrnu, sůl a černý pepř a promíchejte. Přidejte mouku a zpracujte, aby se spojila.
- Ze směsi vytvarujte 4 burgery o průměru asi 4 palce. Pokud je směs příliš sypká, přidejte trochu mouky navíc.
- Na pánvi rozehřejte zbývající 2 lžíce oleje. Přidejte hamburgery a vařte, dokud nejsou pevné a zhnědlé z obou stran, jednou otočte, asi 5 minut z každé strany.
- Burgery podávejte s kořením dle vlastního výběru.

92. Cizrnové placičky na kari

SLOŽENÍ:
- 3 lžíce olivového oleje
- 1 cibule, nakrájená
- 1 1/2 lžičky horkého nebo jemného kari
- 1/2 lžičky soli
- 1/8 lžičky mletého kajenského pepře
- 1 hrnek uvařené cizrny
- 1 lžíce nasekané čerstvé petrželky
- 1/2 hrnku pšeničné lepkové mouky
- 1/3 šálku suché nekořeněné mandlové mouky
- Listy salátu
- 1 zralé rajče, nakrájené na 1/4-palcové plátky

INSTRUKCE:
- Na pánvi rozehřejeme 1 lžíci oleje a přehřejeme. Přidejte cibuli, přikryjte a vařte do změknutí, 5 minut. Vmíchejte 1 lžičku kari, sůl a kajenský pepř a stáhněte z ohně. Dát stranou.
- V kuchyňském robotu smíchejte cizrnu, petržel, pšeničnou lepkovou mouku, mandlovou mouku a uvařenou cibuli. Proces kombinovat, zanechávat nějakou texturu.
- Z cizrnové směsi vytvarujte 4 stejné placičky a dejte stranou.
- Na pánvi rozehřejte zbývající 2 lžíce oleje. Přidejte placičky, přikryjte a opékejte dozlatova z obou stran, jednou otočte, asi 5 minut z každé strany.
- V misce smíchejte zbývající 1/2 lžičky kari s majonézou a míchejte dvě směsi.
- Burger podávejte s plátky salátu a rajčat.

93. Fazolové placičky s majonézou

SLOŽENÍ:

- 1 1/2 šálků vařených fazolí pinto
- 1 šalotka, nakrájená
- 1 stroužek česneku, nasekaný
- 2 lžíce nasekaného čerstvého koriandru
- 1 lžička kreolského koření
- 1/4 šálku pšeničné lepkové mouky
- Sůl a čerstvě mletý černý pepř
- 1/2 šálku suché nekořeněné mandlové mouky
- 2 lžičky čerstvé limetkové šťávy
- 1 serrano chile, nasekané a nasekané
- 2 lžíce olivového oleje
- Strouhaný salát
- 1 rajče, nakrájené na 1/4-palcové plátky

INSTRUKCE:

- Osušte fazole papírovými utěrkami, aby absorbovaly přebytečnou vlhkost. V kuchyňském robotu smíchejte fazole, šalotku, česnek, koriandr, kreolské koření, mouku a sůl a pepř podle chuti. Zpracujte, dokud se dobře nepromíchá.
- Ze směsi vytvarujte 4 stejné placičky, v případě potřeby přidejte více mouky. Placičky obalíme v mandlové mouce. Dejte na 20 minut do lednice.
- V misce smíchejte majonézu, limetkovou šťávu a serrano chile. Dochuťte solí a pepřem podle chuti, dobře promíchejte a dejte do chladu, dokud nebudete připraveni k podávání.
- V pánvi rozehřejte olej na přehřátí. Přidejte placičky a vařte, dokud nezhnědnou a nebudou křupavé z obou stran, asi 5 minut z každé strany.

- Placičky podávejte s hlávkovým salátem a rajčaty.

94.Čočkový rýžový burger str

SLOŽENÍ:

- ¾ šálku Čočka
- 1 Sladké brambory
- 10 Listy čerstvého špenátu
- 1 šálek Čerstvé houby, nakrájené
- ¾ šálku Mandlová mouka
- 1 lžička Estragon
- 1 lžička Česnekový prášek
- 1 lžička Petrželové vločky
- ¾ šálku Dlouhozrnná rýže

INSTRUKCE:

- Vařte rýži do uvařené a mírně lepivé a čočku do měkka. Mírně ochlaďte.
- Oloupané batáty najemno nasekáme a uvaříme do měkka. Mírně ochlaďte.
- Listy špenátu by měly být opláchnuty a jemně nasekány.
- Smíchejte všechny přísady a koření, přidejte sůl a pepř podle chuti.
- Necháme 15-30 min vychladit v lednici.
- Vytvarujte placičky a opékejte na pánvi nebo na zeleninovém grilu na venkovním grilu.
- Nezapomeňte vymazat nebo postříkat pánev Pam, protože tyto hamburgery budou mít tendenci se lepit.

95. Shiitake a ovesná placička

SLOŽENÍ:

- 8 uncí válcovaného ovsa
- 4 unce veganského sýra mozzarella
- 3 unce houby Shiitake nakrájené na kostičky
- 3 unce bílé cibule nakrájené na kostičky
- 2 stroužky česneku nasekané
- 2 unce červené papriky nakrájené na kostičky
- 2 unce cuketové kostky

INSTRUKCE:

- Smíchejte všechny ingredience v kuchyňském robotu.
- Stiskněte vypínač, aby se přísady zhruba spojily.
- Nepřemíchávejte. Konečné míchání lze provést ručně. Vytvarujte do čtyř uncových placiček.
- Na pánev přidejte množství olivového oleje.
- Když je pánev rozpálená, přidejte placičku.
- Vařte jednu minutu z každé strany.

96. oves , Zelenina a mozzarella placička

SLOŽENÍ:
- ½ šálku zelené cibule, nakrájené
- ¼ šálku zeleného pepře, nakrájeného
- ¼ šálku petrželky, nasekané
- ¼ lžičky bílého pepře
- 2 stroužky česneku, nakrájené na kostičky
- ½ šálku veganského sýra Mozzarella, nastrouhaný
- ¾ šálku hnědé rýže
- ⅓ šálku vody nebo bílého vína
- ½ šálku mrkve, nastrouhané
- ⅔ šálku Nakrájená cibule
- 3 řapíkatý celer, nakrájený
- 1¼ lžičky kořenící soli
- ¾ lžičky tymiánu
- ½ šálku veganského sýra Cheddar, strouhaného
- 2 šálky rychlého ovsa
- ¾ šálku pšenice Bulgur

INSTRUKCE:
- Vařte rýži a pšeničný bulgur.
- Zeleninu dusíme 3 minuty v zakryté pánvi a jednou nebo dvakrát promícháme.
- Důkladně sceďte a promíchejte s rýží a sýrem, dokud se sýr mírně nerozpustí.
- Vmíchejte zbývající ingredience.
- Tvarujte do 4 uncových placiček.
- Vařte každou asi 10 minut na grilu pomocí spreje na vaření.
- Podáváme jako hlavní jídlo.

97. Ořechové a zeleninové placičky

SLOŽENÍ:
- ½ červené cibule
- 1 Nakrájejte celer
- 1 mrkev
- ½ červené papriky
- 1 šálek vlašských ořechů, pražených, mletých
- ½ šálku panko
- ½ šálku těstoviny orzo
- 2 veganské vaječné náhražky
- Sůl a pepř
- Plátky avokáda
- Plátky červené cibule
- Catsup
- Hořčice

INSTRUKCE:
- Na oleji orestujte cibuli celer, mrkev a červenou papriku do změknutí
- Přidejte česnek, ořechy, strouhanku a rýži. Vytvarujte placičky.
- Smažíme na oleji dozlatova.
- Sestavte na misku.

98. Marocké Yam Veggie Burgers

SLOŽENÍ:
- 1,5 hrnku strouhaného yam
- 2 stroužky česneku, oloupané
- ¾ šálku čerstvých listů koriandru
- 1 kus čerstvého zázvoru, oloupaný
- 15-uncová plechovka cizrny, okapaná a propláchnutá
- 2 lžíce mletého lnu smíchané se 3 lžícemi vody
- ¾ šálku ovesných vloček, rozemletých na mouku
- ½ lžičky sezamového oleje
- 1 lžíce kokosových aminokyselin nebo tamari s nízkým obsahem sodíku
- ½-¾ lžičky jemnozrnné mořské soli nebo růžové himalájské soli podle chuti
- Čerstvě mletý černý pepř, dvě chuti
- 1 ½ lžičky chilli prášku
- 1 lžička kmínu
- ½ lžičky koriandru
- ¼ lžičky skořice
- ¼ lžičky kurkumy
- ½ šálku koriandrovo-limetkové tahini omáčky

INSTRUKCE:
- Předehřejte troubu na 350 F. Plech vyložte kusem pečícího papíru.
- Oloupejte přízi. Pomocí otvoru na roštu běžné velikosti nastrouhejte přízi, dokud nebudete mít 1 ½ lehce nacpaných šálků. Vložte do misky.
- Vyjměte struhací nástavec z kuchyňského robotu a přidejte běžnou čepel "s". Česnek, koriandr a zázvor nasekejte najemno.

- Přidejte scezenou cizrnu a znovu zpracujte, dokud není nakrájená najemno, ale ponechte trochu textury. Tuto směs naberte do misky.
- V misce smíchejte směs lnu a vody.
- Ovesné vločky rozemelte na mouku pomocí mixéru nebo kuchyňského robotu. Nebo můžete použít ¾ šálku + 1 polévkovou lžíci předem namleté ovesné mouky. Tu vmícháme do směsi spolu s lněnou směsí.
- Nyní vmíchejte olej, aminokyseliny/tamari, sůl/pepř a koření, dokud se důkladně nespojí. V případě potřeby upravte na klíč.
- Vytvarujte 6-8 placiček a směs pevně zabalte. Umístěte na plech.
- Pečte 15 minut, poté opatrně vyklopte a pečte dalších 18-23 minut dozlatova a zpevněte. Ochlaďte na pánvi.

99. Čočkový, pistáciový a shiitake burger

SLOŽENÍ:
PRO BURGERY
- 3 šalotky, nakrájené na kostičky
- 2 lžičky olivového oleje
- ½ šálku černé čočky, opláchnuté
- 6 kloboučků sušených hub shiitake
- ½ šálku pistácií
- ¼ šálku čerstvé petrželky, nasekané
- ¼ šálku vitálního pšeničného lepku
- 1 polévková lžíce Ener-G, rozšlehaná s ⅛ šálku vody
- 2 lžičky sušené drcené šalvěje
- ½ lžičky soli
- ¼ lžičky mletého pepře

NA HRANOLKY
- 3 brambory, oloupané a nakrájené na tenké plátky
- rostlinný olej, na smažení
- sůl

INSTRUKCE:
- Přiveďte k varu tři šálky vody. Zatímco čekáte, až se voda zahřeje, vhoďte na kostičky nakrájenou šalotku do samostatné pánve s olejem a na mírném ohni restujte.
- Když se voda začne vařit, přidejte čočku a sušené čepice shiitake a přikryjte hrnec, aby mohla během vaření unikat pára. Vařte 18–20 minut, poté je přelijte do jemného cedníku, aby okapaly a vychladly. Po vychladnutí vyjměte shiitake z čočky a nakrájejte je na kostičky, tuhé stonky odstraňte.
- Pistácie vložte do kuchyňského robotu a nahrubo je namelte. Do této doby by vaše šalotka měla být pěkně zkaramelizovaná. Přidejte šalotku, čočku, nakrájené čepice

shiitake, pistácie a petržel do mísy a míchejte, dokud se dobře nespojí. Přidejte vitální pšeničný lepek a promíchejte.

- Nyní přidejte směs voda/Energ-G a míchejte asi dvě minuty silnou vidličkou, aby se rozvinul lepek. Nyní přidejte šalvěj, sůl a pepř a míchejte, dokud se dobře nespojí. Směs pak můžete buď dát na pár hodin do lednice, nebo burgery hned smažit.
- Chcete-li smažit hamburgery, tvarujte z nich placičky a při tvarování směs lehce přimáčkněte. Smažíme na pánvi s trochou olivového oleje 2–3 minuty z každé strany, nebo dokud lehce nezhnědne.
- Chcete-li hranolky připravit, vložte do hrnce několik centimetrů rostlinného oleje. Zahřívejte na vysoké teplo.
- Smažíme po dávkách.
- Smažte dokřupava, asi 4–5 minut, a vyjměte z oleje tepelně odolnými kleštěmi.
- Přendejte na papírovou utěrku, aby okapala a ihned posypte trochou soli.

100. Veganské burgery s vysokým obsahem bílkovin

SLOŽENÍ:
- 1 šálek texturovaného rostlinného proteinu
- ½ šálku vařených červených fazolí
- 3 lžíce oleje
- 1 lžíce javorového sirupu
- 2 lžíce rajčatového protlaku
- 1 lžíce sójové omáčky
- 1 polévková lžíce nutričního droždí
- ½ lžičky mletého kmínu
- ¼ čajové lžičky: mletá paprika chilli, česnekový prášek, cibulový prášek, oregano
- ⅛ lžičky tekutého kouře
- ¼ šálku vody nebo šťávy z červené řepy
- ½ šálku vitálního pšeničného lepku

INSTRUKCE:
- Přiveďte k varu hrnec s vodou. Jakmile se vaří, přidejte strukturovaný rostlinný protein a vařte 10-12 minut. Vypusťte TVP a několikrát jej propláchněte. Stiskněte TVP rukama, abyste odstranili přebytečnou vlhkost.
- Do mísy kuchyňského robota přidejte uvařené fazole, olej, javorový sirup, rajčatový protlak, sójovou omáčku, nutriční droždí, koření, tekutý kouř a vodu. Zpracujte 10-20 sekund, v případě potřeby seškrábněte strany a znovu zpracujte, dokud se nevytvoří kaše. Nemusí to být úplně hladké.
- Přidejte rehydratovanou TVP a zpracujte 7-10 sekund, nebo dokud nebude TVP velmi jemně nasekaná, směs by měla vypadat jako boloňská omáčka. Nechcete mít velké kusy TVP, jinak hamburgery nebudou dobře držet pohromadě.

- Přeneste směs do mixovací nádoby a přidejte vitální pšeničný lepek. Nejprve promíchejte dřevem a poté 2-3 minuty hněťte rukama, aby se rozvinul lepek. Směs by měla být měkká a mít mírnou elasticitu.
- Směs rozdělíme na 3 a tvoříme placičky. Každý burger pečlivě zabalte do pergamenu a poté do hliníkové fólie.
- Zabalené burgery vložte do tlakového hrnce (můžete je naskládat) a vařte pod tlakem 1 hodinu a 20 minut. Můžete použít varnou desku tlakový hrnec nebo instantní hrnec.
- Po uvaření burgery rozbalte a nechte je 10 minut vychladnout. Nyní můžete burgery smažit na trošce oleje z každé strany do zlatova.
- Burgery vydrží v lednici až 4 dny. V lednici trochu ztuhnou, ale po zahřátí změknou.

ZÁVĚR

Když se dostáváme na konec této lahodné cesty, doufáme, že vás kniha „Ze zahrady na talíř: Kuchařka na zeleninové masové kuličky" inspirovala k tomu, abyste přijali chutě a textury zeleninových masových kuliček ve vaší kuchyni. Zeleninové masové kuličky nabízejí výživnou a kreativní alternativu k tradičním masovým kuličkám a my vám doporučujeme, abyste pokračovali ve zkoumání a experimentování s tímto všestranným pokrmem.

Doufáme, že s recepty a technikami sdílenými v této kuchařce jste získali sebevědomí a inspiraci k vytvoření zeleninových masových kuliček, které jsou chutné a zároveň výživné. Ať už si je užíváte jako hlavní chod, přidáváte je do těstovin nebo je přidáváte do sendvičů nebo zábalů, každé sousto vám může přinést uspokojení z zdravého a chutného jídla.

Když se tedy vydáte na svá vlastní dobrodružství se zeleninovými karbanátky, nechte se „Od zahrady na talíř" stát vaším důvěryhodným společníkem, který vám poskytne chutné recepty, užitečné tipy a pocit kulinářského objevování. Přijměte kreativitu, chutě a výživu, kterou zeleninové masové kuličky nabízejí, a nechte každé jídlo, které vytvoříte, aby se stalo oslavou pulzujícího světa rostlinných surovin.

Ať je vaše kuchyně plná svůdných vůní pečených nebo smažených zeleninových masových kuliček, zvuků prskajících dobrot a radosti z vyživování vašeho těla zdravými a lahodnými jídly na rostlinné bázi. Šťastné vaření a ať vaše zeleninové karbanátky přinesou na váš stůl spokojenost a potěšení!